HISTOIRE

POPULAIRE ET PARLEMENTAIRE

DE LA

COMMUNE DE PARIS

Déposé aux termes de la loi.

PETITE BIBLIOTHÈQUE SOCIALISTE A I FRANC.

HISTOIRE

POPULAIRE ET PARLEMENTAIRE

DE LA

COMMUNE

DE PARIS

PAR

Arthur ARNOULD

Membre de la Commune de Paris.

TOME III

BRUXELLES

LIBRAIRIE SOCIALISTE DE HENRI KISTEMAECKERS

60, BOULEVARD DU NORD, 60

1878.

BRUXELLES. — IMP. A. LEFÈVRE, 9, RUE S^T-PIERRE.

HISTOIRE POPULAIRE

DE LA

COMMUNE DE PARIS

XIV

LA COMMUNE. — AUTRES CAUSES D'AFFAIBLISSE-
MENT. — LES DÉMISSIONS. — LES NOUVELLES
ÉLECTIONS. — LE COMITÉ DE SALUT PUBLIC.
— LE MANIFESTE DE LA MINORITÉ.

Je n'ai pas parlé jusqu'à présent des démissions de quelques-uns des membres de la Commune, démissions qui, cependant, exercèrent
une fâcheuse influence, moins encore par la
valeur personnelle de plusieurs des démissionnaires que grâce aux circonstances, et surtout
aux relations particulières de ces derniers.

Ces démissionnaires, en effet, appartenaient
tous à la bourgeoisie, et certains empruntaient
à leurs rapports avec Gambetta et les hommes
les plus avancés de la gauche, une importance
véritable. Qu'ils eussent refusé le mandat du
peuple, qu'ils eussent décliné l'honneur de ce
grand péril et de ce grand devoir, la veille, avant
l'élection, personne n'eût songé à s'en étonner,
ni peut-être à le blâmer.

Quelques désertions de plus parmi tant d'autres auraient passé inaperçues, puis, comme je l'ai déjà expliqué, en racontant mes propres hésitations et mes angoisses personnelles, on a toujours le droit, avant d'entrer dans l'action, de sonder ses reins, d'interroger sa conscience.

Il est même à regretter que plusieurs membres de la Commune n'aient pas compris combien la mission dépassait leurs forces, et n'aient pas refusé des fonctions que leur ignorance et leur inexpérience auraient dû leur interdire. Mais accepter d'abord le mandat, puis le rejeter au moment même où Versailles commençait l'attaque contre Paris, c'était semer le doute dans les esprits et donner un fâcheux exemple, un commode prétexte, à tous ceux qui, trouvant la situation trop dangereuse, ne cherchaient que le moyen de retirer leur épingle du jeu, de peur de se piquer les doigts.

La démission des citoyens Ranc et Loiseau-Pinson eût, de plus, cette gravité qu'en se retirant, ils entraînèrent avec eux cette portion de la bourgeoisie républicaine et même révolutionnaire, jusqu'à un certain point, qui eût été notre meilleur bouclier contre les calomnies de Versailles et les atrocités sanguinaires de la réaction.

Une fois encore le peuple restait seul, ou à peu près, en face de difficultés effroyables et d'ennemis implacables, comme il était resté seul en juin 1848.

C'était la grande défection qui recommençait, c'étaient les aînés refusant leur appui aux cadets, c'étaient ceux que leur position mettait en mesure de se faire écouter et de faire hésiter les bourreaux, qui s'effaçaient brusquement, exposant à tous les coups, à toutes les horreurs de la

tempête, le peuple réduit à ses seules forces
encore mal organisées.

D'autre part, au point de vue politique, en
restant à la Commune, ces hommes lui auraient
donné le contrepoids nécessaire, essentiel à toute
assemblée délibérante ou gouvernante. C'est là
une loi de la statique applicable à l'humanité
comme aux choses inertes.

Les démissionnaires blâmaient-ils les actes de
la Commune et l'allure de sa politique ?

Raison de plus pour persister, pour tâcher de
faire triompher ce qu'ils croyaient meilleur ou
plus habile.

D'autres qu'eux n'approuvaient pas non plus
tout ce qui se disait, tout ce qui se faisait, et
Delescluze ne parlait pas en son seul nom,
lorsqu'il prononçait ces admirables paroles repro-
duites par Vermorel :

« Croyez-vous donc que tout le monde
» approuve ce qui se fait ici ? Eh ! bien, il y
» a des membres qui, malgré tout, sont restés
» et resteront jusqu'à la fin, et, si nous ne
» triomphons pas, ils ne seront pas les derniers
» à se faire tuer, soit au rempart, soit ailleurs. »

Delescluze et Vermorel, en effet, fidèles à
leur parole, se firent tuer le jour de la défaite.

Quelle est l'assemblée, d'ailleurs, où tout le
monde approuve tout ce qui s'y fait ? Les avis
sont divers, et chacun lutte pour ce qu'il croit la
vérité. Il y a un cas où la démission, non-seulement est permise, mais devient un devoir, c'est
quand il s'agit de déconsidérer ceux qui restent,
de prouver au pays que les gens de cœur et
d'honneur se retirent d'un milieu honteux et
pourri, de provoquer enfin une grande manifestation de l'opinion publique.

Tel fut, par exemple, le caractère de la démission de Victor Hugo à Bordeaux, et voilà pourquoi cette démission fut un grand acte continuant une noble et énergique attitude.

Mais si l'Assemblée de Bordeaux avait représenté les aspirations du peuple et cherché à les faire triompher, quelque faute que cette assemblée eût pu commettre par inexpérience, exagération ou autrement, les hommes de cœur se seraient fait un devoir d'y rester pour lui donner leur appui, leurs conseils, et couvrir, au besoin, de leur incontestable honorabilité, comme de leur juste influence, la nudité paternelle.

Lorsque Ranc me fit connaître qu'il voulait donner sa démission, je le suppliai, comme m'y autorisaient nos vieilles relations, qui dataient de l'enfance, de renoncer à cette résolution.

Il fut inébranlable. Il suivit sans doute les ordres de sa conscience et les conseils d'une politique où les habiletés et la tactique du jour exercent une trop grande influence. Il espéra peut-être aussi qu'en réservant sa personnalité et en sauvant son avenir du naufrage commun, il pourrait rendre de plus grands services à la cause de la République. — Jusqu'à présent cet espoir a été trompé.

Je souhaite sincèrement que le jour arrive où ses services futurs compenseront le tort que sa retraite et celle de quelques autres firent sur le moment à la cause communale (1).

---

(1) Ces observations, faut-il le dire, n'ont aucun rapport avec la démission logique de M. Tirard et de ses amis.

J'entends parler d'un autre groupe où se trouvaient de fort honnêtes gens, très sincères, très dévoués, très capables, tels que le citoyen Loiseau Pinson, pour n'en citer qu'un. Leur départ, en semant le découragement, fut bientôt imité par une ou deux personnes inu-

La Commune, vers le même temps, et à la suite de ces diverses démissions qui laissaient plusieurs arrondissements sans représentants, commit la maladresse de faire procéder aux élections supplémentaires. En agissant ainsi, elle cédait, certes, à un scrupule honorable, mais intempestif et fort exagéré, qui devait, avant peu, la mettre dans la plus fausse des positions.

Le moment n'était plus au vote. Depuis de longs jours, on se battait avec acharnement, et la situation avait pris un caractère tragique qui ne laissait guère le loisir, ni le sang froid nécessaires pour que le suffrage universel put fonctionner.

Deux autres considérations auraient dû, de plus, frapper les esprits.

La première, c'est que les arrondissements qu'il fallait appeler au vote étaient, sauf pour quelques options individuelles, les arrondissements où la Commune comptait le moins d'adhérents, où l'on pouvait, par conséquent, prévoir que le nombre des votants serait infiniment petit.

En effet, ces arrondissements ayant nommé des hommes tels que Méline, Loiseau, Tirard, Leroy, Robinet, Ranc, Ulysse Parent, Desmarets, Marmottan, etc., qui s'étaient retirés de l'assemblée après les premières séances, ou qui avaient refusé d'y siéger, on pouvait être certain d'avance que les électeurs suivraient l'exemple de leurs élus, et se retireraient du scrutin comme ceux-ci s'étaient retirés de la lutte.

La seconde considération, c'est que presque

---

tiles à nommer aujourd'hui, et qui, se croyant réduites à l'impuissance, grâce à l'éclaircissement des rangs où elles comptaient, pensèrent qu'elles n'avaient plus qu'à se retirer.

tous les hommes dévoués à la Commune étaient aux remparts, dans les forts, aux avancées. Ceux qui ne se battaient pas le jour même, se reposaient du combat de la veille, ou se préparaient au combat du lendemain, toutes circonstances de nature à éloigner du scrutin les trois quarts de ceux qui avaient pris part aux premières élections.

Enfin, il ne faut pas se dissimuler que le peuple, avec son grand sens pratique et son admirable instinct révolutionnaire, n'attachait aucune importance à ces élections complémentaires. Il se disait avec raison que si les hommes qui siégeaient à l'hôtel de ville pouvaient sauver la situation, ils n'avaient nul besoin de cet appoint, et que, s'ils ne pouvaient la sauver, ce n'était pas l'adjonction d'une douzaine de nouveaux collègues qui changerait la face des choses.

Le peuple avait raison. Le nœud de la question n'était plus là. Les élections n'étaient, en somme, que du parlementarisme. Il ne s'agissait plus de compter les électeurs, il s'agissait d'avoir des soldats. Il ne s'agissait plus de savoir si nous avions gagné ou perdu du terrain dans l'opinion parisienne, il s'agissait de défendre Paris assiégé par les Versaillais.

Il ne fallait pas convoquer des électeurs, il fallait trouver des moyens de salut public, s'ils existaient.

Ainsi qu'il était facile de le prévoir, le nombre des votants fût donc extrêmement minime, et la Commune, au lieu de s'être retrempée dans le suffrage universel, parût avoir perdu les trois quarts de sa popularité des premiers jours.

Je dis *parût*, car ce vote, ainsi que je viens de l'expliquer, prouvait peu de chose, eu égard aux circonstances. Néanmoins, il ne faut pas se dissimuler qu'il annonçait la défection de cette masse flottante qui n'acclame que le succès et qui se lasse de toute lutte prolongée.

Quoi qu'il en soit, il dut causer une grande joie à Versailles, et diminua l'impression profonde qu'avait produite la présence, au premier scrutin, de deux cent trente mille électeurs parisiens.

Nous aurions dû rester sur cette imposante manifestation.

Ou la Commune triompherait, ou elle succomberait.

Si elle succombait, n'étions-nous pas assez pour le naufrage?

Si elle triomphait, notre devoir, comme notre intention, je le suppose, était de nous retirer, pour laisser au peuple délivré, le soin de juger nos actes, de prononcer sur nos personnalités, et surtout d'agir par lui-même.

Cette erreur, une fois commise, amena la Commune à en commettre une autre, non moins grave peut-être. Presque tous les nouveaux élus n'avaient pas même réuni le huitième des électeurs inscrits, exigé par la loi sous l'empire de laquelle le Comité Central avait expressément convoqué les premiers électeurs de la Commune.

Pendant l'intervalle des deux convocations, la Commune, n'ayant en rien modifié la situation à cet égard, ni changé la loi électorale, il y avait un véritable contrat passé entre les électeurs et la Commune que les élections auraient lieu suivant tel mode, et non différemment. La Commune avait, certes, le droit de changer ces conditions, mais *avant,* non *après* les élections. Agir autrement était, en réalité, violer une parole donnée. La Commune ayant commis la faute de provo-

quer de nouvelles élections au milieu de la bataille, devait accepter les conséquences de cette
faute, et, puisque les nouveaux élus n'avaient
point réuni le huitième exigé par la loi, déclarer
les élections nulles et ajourner à des temps meil-
leurs la prochaine convocation.

Au lieu de cela, la Commune, s'appuyant sur
cette considération que *l'abstention des uns ne
pouvait supprimer le suffrage des autres,* valida
tous les candidats qui avaient obtenu la majorité
relative des suffrages exprimés.

Sans m'inquiéter de savoir si cette considération
était juste ou non, je soutins énergiquement qu'en
prétendant valider ces élections, nous invalidions
par le fait les élections antérieures, qu'en nous
adjoignant de nouveaux collègues, malgré la loi
et les engagements pris par le Comité central, en
vertu desquels l'Assemblée communale existait,
tous les membres de la Commune cessaient d'être
des élus réguliers du suffrage universel pour devenir des élus de fantaisie, sans caractère légal
ni autorité morale, puisqu'ils déchiraient eux-
mêmes le pacte qui les avait investis du pouvoir.

J'insistai de plus sur ce point qu'en n'exigeant
aucun *minimum* de votes exprimés, on arriverait
à ce résultat qu'on devrait regarder comme élu
l'homme qui aurait obtenu *douze* suffrages sur
quinze dans un arrondissement comptant quarante
mille électeurs.

Je citai même le mot de Rochefort, racontant
qu'un jour viendrait où un citoyen réclamerait le
titre de membre de la Commune, sous prétexte
qu'il avait obtenu la majorité *relative,* ayant réuni
deux voix, — la sienne et celle de son fils
aîné.

Je rappelai enfin, qu'un principe devait tout dominer : le respect des engagements pris, et qu'en modifiant après coup la loi électorale, nous mettions le pied sur une pente d'arbitraire où l'on ne pourrait plus s'arrêter et qui nous mènerait jusqu'à l'absurde.

Si encore cette violation de la loi avait produit un avantage sérieux, si elle avait dû sauver Paris et la Commune, si elle avait eu pour résultat d'apporter à l'Assemblée le secret de la victoire, certes, je ne l'aurais point combattue. Dans les circonstances où nous nous trouvions, tout eût été bon, eût été légitime, qui eût arraché leurs victimes aux bourreaux de Versailles et assuré le triomphe de la Révolution ; mais il n'en était pas ainsi. Ces nouvelles élections affaiblissaient moralement la Commune sans lui apporter aucun autre avantage, car les quelques hommes distingués et dévoués qu'elles envoyaient sur les bancs de l'Assemblée, auraient pu servir sa cause tout aussi efficacement de toute autre façon. Elles ne modifiaient même pas la composition politique de l'Assemblée. Des élus du 16 avril, les uns allant siéger parmi les membres de la majorité, les autres parmi les membres de la minorité, les forces respectives restèrent identiquement ce qu'elles étaient auparavant.

Au nombre de ceux qui repoussèrent la validation, il faut signaler plusieurs hommes qui votaient toujours avec la majorité, et notamment son principal chef, le citoyen Félix Pyat qui, absent au moment du scrutin, déclara, par la voix des journaux, qu'il aurait voté avec les opposants et que si la « Commune ne rapportait pas son décret, il » donnerait sa démission. »

La Commune ne rapporta pas son décret, et

III.   1.

Félix Pyat, sur la pression de ses électeurs, rapporta sa démission (1). »

Me voici arrivé à la partie la plus difficile et la plus pénible de mon récit. Il s'agit maintenant de retracer la scission qui s'opéra au sein de la Commune, et donna naissance au *manifeste* dit : de la minorité.

Comme je l'ai déjà expliqué, il y avait eu, dès le premier jour, deux courants au sein de la Commune.

Je les ai qualifiés et définis précédemment. Je n'ai donc pas à y revenir.

Mais les événements marchaient à pas de géant. Chaque jour la situation devenait plus terrible, et, en demandant chaque jour des résolutions plus radicales, amenait des chocs plus nombreux entre ceux qui représentaient les deux conceptions différentes de la Commune. Tous nous cherchions un moyen de résoudre le problème menaçant dont la solution nous incombait, seulement chacun le cherchait dans sa voie.

Entourée d'un cercle de fer et de feu de plus en plus resserré par l'attaque furieuse des Versaillais, abandonnée de la France entière qui restait l'arme au pied et nous regardait égorger sans tenter un effort sérieux, non seulement pour venir au secours de la capitale noyée dans le sang sous ses yeux, mais même pour se jeter entre les combattants, imposer une trève et mettre un terme aux plus abominables massacres de l'époque moderne, — la Commune de Paris ressem-

---

(1) Voici les noms des treize qui votèrent contre la validation : Arthur Arnould, Avrial, Beslay, Victor Clément, Clémence, *Géresme*, *Langevin*, Lefrançais, *Miot*, *Rastoul*, Vallès, *Verdure*, Vermorel, — auxquels il faut ajouter Félix Pyat.

blait véritablement, à ce moment, à un vaisseau
battu de la tempête, au milieu d'une mer inconnue, semée d'écueils.

De quelque côté que l'on tournât les regards,
nulle terre amie en vue. Partout l'image de la
mort!

Nous étions seuls, bien seuls!

Lyon, Marseille, les autres grandes villes,
après un effort tout à fait insuffisant, étaient ren-
trées sous le joug. Le reste n'avait pas même
bougé, et les vingt millions de prolétaires, d'opprimés, dont nous avions arboré le drapeau, pour
lesquels le peuple de Paris versait son sang à
flots, depuis deux mois, aveuglés par l'ignorance,
broyés par la centralisation, réduits à l'état de
poussière humaine inconsciente, sans lien entre
eux, sans organisation, restaient indifférents ou
tout au moins immobiles, comme en une morne
stupidité.

Quant au reste de l'Europe, inutile même d'y
songer. La guerre allemande venait de nous
prouver le niveau moral de la société européenne,
encore enfouie dans le monarchisme, la religion
de la force et la haine des races. Elle venait de
nous apprendre quel fond on pouvait faire sur la
solidarité des peuples et sur leur énergie révolutionnaire.

En Allemagne, deux hommes seuls avaient
protesté contre la guerre.

Il n'y a décidément encore en Europe, à l'heure
actuelle, qu'un seul peuple qui ait le sentiment
distinct, profond, de la solidarité des peuples,
c'est le peuple français. Des tyrans peuvent
dévoyer sa politique, empoisonner son action,
mais chaque fois qu'affranchi il agit par lui-même,
sous sa seule inspiration, c'est pour l'humanité

entière qu'il spécule, qu'il combat et qu'il meurt.
Ses grandes Révolutions ont toutes le caractère
de l'universalité, et la Commune est aussi bien
le salut de l'Italien, de l'Espagnol, du Belge, de
l'Allemand et du Russe que du Français.

C'était donc bien à nous-mêmes de nous
sauver.

A ce moment, il n'y avait plus de question
politique. Il n'y avait, il ne pouvait y avoir
qu'une question militaire.

Assiégés par Versailles, il fallait repousser
Versailles.

La réaction agissant par le canon, c'était par
le canon qu'il fallait lui répondre! Une armée de
cent mille hommes bombardait nos murailles :
contre cette armée aucun décret n'avait prise.
Nous aurions pu voter les résolutions les plus
admirables, prendre les mesures les plus révolutionnaires, au sens où l'entendait la majorité,
que cette armée ne s'en fut pas trouvée diminuée
d'un seul homme, que son artillerie n'en eût pas
compté une gargousse de moins, que ses balles
explosibles et ses boulets pleins de pétrole n'en
eussent pas moins porté la mort dans nos rangs.

On pouvait réunir le jury des ôtages et fusiller
dix mille de ces ôtages, que Vinoy et Mac-
Mahon n'en auraient pas fait reculer leurs troupes
de l'épaisseur d'une semelle.

On pouvait proclamer la dictature dans Paris,
recommencer 93 depuis A jusqu'à Z, sans que
les soldats du génie cessassent de construire leurs
tranchées et de les avancer jusqu'aux pieds de
l'enceinte.

La période politique de la Commune, je le
répète, était terminée. Ce n'était plus une lutte
sociale, une Révolution : c'était une bataille

rangée. Il ne s'agissait plus de gouverner, d'administrer Paris, de proclamer des principes, d'édifier des lois : — il fallait vaincre ou mourir.

Ce sentiment était le sentiment de plusieurs d'entre nous qui proposèrent à la Commune de ne plus se réunir chaque jour pour des délibérations ou des discussions souvent stériles et qui perdaient un temps précieux, de concentrer tous nos efforts sur le côté militaire, de n'avoir plus qu'un seul objectif : — repousser l'assiégeant.

Jusqu'alors, en effet, la Commune avait laissé la direction militaire à des officiers de l'armée et au Comité central, et nous n'avions pas eu à nous en féliciter.

Cluseret, arrêté au milieu de son œuvre, avait été remplacé par Rossel, et les catastrophes avaient commencé. Nous étions restés dans la routine, et la routine nous menait à l'abîme. Que la Commune entière s'emparât de cette direction ; qu'elle se divisât la besogne répartie entre diverses commissions, qu'on appliquât à cette guerre nouvelle l'énergie et les moyens révolutionnaires que la majorité entendait toujours appliquer à la politique intérieure dans Paris, et qui n'étaient là dangereux que pour la Commune, et peut-être y avait-il possibilité de faire reculer Versailles.

En effet, Paris toujours vaincu, en somme, depuis deux mois, sauf sur certains points où le courage personnel pouvait l'emporter sur les travaux du génie, Paris résistait depuis deux mois, puisant une nouvelle résolution dans chaque défaite, grandissant son indomptable fermeté avec le danger croissant. Mais Versailles, lui, ne pouvait subir une seule défaite, sans voir s'écrouler le fragile échafaudage de son pouvoir. Obligé de reculer, il était perdu. Abandonné de la fortune, la France qui ne l'aimait point, qui le subissait par une vieille habitude de subir tous les gouvernements *forts* et *vainqueurs,* l'abandonnait à son tour.

La question n'était donc plus, pour les membres de la Commune, de savoir s'ils étaient plus socialistes ou plus jacobins, si Paris serait gouverné à la façon de la Commune de 92, ou à la façon de la Commune de 71. — La question était de savoir si les Versaillais entreraient ou n'entreraient pas dans Paris. La dessus l'accord étant unanime, il était facile de nous entendre, et, de cette unanimité créant une unité absolue d'action, le salut pouvait encore sortir (1).

Malheureusement il faut revenir ici sur une particularité du caractère français, qui est une vertu souvent, qui souvent aussi est un véritable danger.

Cette particularité, vertu ou défaut, c'est l'*optimisme le plus aveugle.*

Ainsi que je l'ai déjà dit et répété bien des fois, le Français, le Parisien notamment, ne croit jamais à la défaite, ou, du moins, ne veut jamais la prévoir.

Chaque fois que j'essayai, à la Commune, soit en séance générale, soit en m'adressant individuellement à mes collègues, d'appeler l'attention sur la possibilité de la prise de Paris par les Versaillais, je fus repoussé avec perte, et je reçus des réponses dans le genre de celles-ci :

« Jamais ils n'oseront ! »

---

(1) En comptant toujours que les Prussiens, secrets alliés du gouvernement Versaillais, n'entreraient pas en ligne le jour où Versailles se serait vu sérieusement menacé de défaite. Mais c'était là une péripétie sur laquelle nous étions sans action. — Nous n'avions pas créé la situation ; nous la subissions, et nous n'avions pas le choix.

Ou bien :

« Qu'ils y entrent ! C'est là que nous les attendons ! »

Ou bien :

« Paris hérissé de barricades sera leur tombeau. C'est là que le peuple de Paris se bat le mieux ! »

« Sans doute, mais les barricades sont-elles faites ? »

« On les fait ! »

M'adressais-je aux hommes de guerre, à ceux qui avaient la responsabilité et la direction des choses militaires, ils me répondaient :

« Paris peut encore tenir deux mois, ainsi nous avons du temps devant nous. »

En insistant, on n'obtenait rien de plus, mais l'on risquait de passer pour un homme *qui a peur*. Aux yeux de ces enragés optimistes, la prudence, la prévision, le courage de regarder en face la réalité et de ne pas se faire de dangereuses ou d'enfantines illusions, passaient presque pour de la lâcheté.

Au ministère de la guerre, les hommes du métier, c'est-à-dire les hommes de la routine, infatués de préjugés de caserne, ne croyaient pas aux barricades, s'opposaient sourdement à leur création, qu'ils regardaient évidemment comme une sorte d'aveu d'impuissance de leur part ou une marque de défiance contre leur génie militaire, ce qui les humiliait et les rendait hostiles à notre seule chance matérielle de salut.

A la Commune, au contraire, on croyait à l'existence sérieuse d'une Commission des barricades et à son fonctionnement, qui se réduisit à l'édification coûteuse de deux ou trois barricades parfaitement inutiles, n'étant reliées à rien et défendues par rien.

D'ailleurs, chaque membre de la Commune avait, en poche, pour son arrondissement, un plan de défense magnifique, et qu'il se chargeait de réaliser en vingt-quatre heures.

C'est dans ces conditions, c'est à ce moment suprême, où allait se décider le sort de Paris, que le citoyen Miot vint proposer à la Commune la nomination d'un *Comité de salut public,* c'est-à-dire une *mesure politique,* alors qu'il ne s'agissait plus, je ne saurais trop le répéter, que de *mesures de combat.*

La majorité s'y rallia toute entière avec un véritable enthousiasme, comme si ces mots : *Comité de salut public,* étaient une sorte de talisman qui dût nous sauver de tous les périls.

En réalité, pourtant, et sans nous inquiéter d'autre chose que du côté pratique, que pouvait, de plus que la Commune, ou que sa *Commission exécutive,* un *Comité de salut public?*

La Commune avait toujours eu, en effet, une commission exécutive chargée de faire appliquer les volontés de la Commune, et munie à cet égard des pleins pouvoirs nécessaires. Le Comité de salut public n'en différait qu'en ce sens qu'il était investi de la puissance absolue, qu'il pouvait agir sans consulter la Commune, sans attendre l'expression de sa volonté, sauf à la Commune à changer ses membres ou à supprimer le Comité de salut public, si, APRÈS COUP, la conduite de ce Comité n'obtenait pas son approbation.

C'est-à-dire que si le Comité de salut public, par une faute grave, toujours possible, toujours à prévoir, car cinq hommes peuvent se tromper aussi bien que cent et même plus facilement, venait à perdre la situation, à perdre la Commune, la Commune avait le droit, une fois sa perte achevée, de changer son Comité ou de le supprimer.

En un mot, la Commune abdiquait et se retirait, après avoir remis l'omnipotence à cinq de ses membres. C'était la théorie monarchique qui, sous une autre forme, avec un faux nez révolutionnaire, reparaissait et s'installait sur nos têtes. C'était la théorie de l'empire : — pleins pouvoirs et responsabilité pour *le* ou *les chefs de l'Etat,* — les représentants du peuple n'ayant plus que le droit platonique de blâmer ou de défaire le mal, quand le mal serait accompli.

Etait-ce admissible ?

En PRINCIPE, non.

Elus du peuple de Paris, élus avec *mandat impératif,* si nous abdiquions ainsi, c'était le peuple de Paris qui abdiquait en nos personnes. A tort ou à raison, s'il nous avait élus, c'est qu'il avait confiance en nous, c'est qu'il voulait que nous exercions une certaine mission.

Avions-nous le droit de déserter cette mission, en la remettant même à cinq d'entre nous?

Il y avait un devoir de contrôle et une responsabilité auxquels nous ne pouvions, ni ne devions renoncer. Or, le contrôle après coup est une plaisanterie, un leurre, un mensonge. Le seul contrôle sérieux, protecteur des droits du peuple et de sa dignité, est le contrôle qui empêche les sottises, qui prévient les fautes, non le contrôle qui les blâme piteusement après leur accomplissement, et se réduit à dire : *Le vin est versé, il faut le boire.*

Si cela est dangereux et avilissant dans les circonstances ordinaires, cela pouvait être mortel dans les circonstances exceptionnelles où nous nous trouvions.

Une fausse manœuvre, une trahison pouvait tout perdre sans rémission. Nous allions jouer le salut du peuple, le salut de Paris et de la Commune, à pile ou face.

EN FAIT, quel avantage espérait-on de ce Comité de salut public?

Une plus grande concentration de pouvoir, une plus grande unité d'action?

Soit, mais cette concentration de pouvoir, cette unité d'action, ne pouvaient être utiles, avantageuses, qu'à condition de s'exercer dans l'action, non dans la délibération. En un mot, la Commune pouvait parfaitement, sans abdiquer, augmenter la force d'action de son pouvoir exécutif, en simplifier au besoin les rouages, pourvu qu'elle restât toujours le seul pouvoir, par cette raison que, représentant le peuple de Paris, elle n'avait pas le droit de livrer les destinées du peuple de Paris, au hasard de la dictature de cinq hommes.

Et puis, d'ailleurs, dans quel sens ces hommes dirigeraient-ils leur action?

A quelle œuvre emploieraient-ils le pouvoir absolu qu'on leur remettait?

Etait-ce une dictature politique? Etait-ce une dictature militaire?

Allaient-ils, suivant une tradition fâcheuse, une idée erronée, *faire régner la terreur dans Paris,* ce qui nous rendrait odieux, sans aucun bénéfice?

Allaient-ils donner une impulsion nouvelle et différente à la guerre, hérisser Paris de barricades, créer dans la ville trois ou quatre forteresses qui nous en assurent la possession, et en rendent l'occupation impossible pour l'ennemi?

Allaient-ils, au contraire, essayer d'entrer en arrangement avec Versailles, et entamer des négociations avec lui par l'intermédiaire des conciliateurs que représentait M. Bonvalet?

On ne nous disait rien, et on ne donnait aucun mandat impératif à ces dictateurs.

« Soyez les maîtres et agissez. Nous verrons après, quand il sera trop tard, si vos actes nous conviennent ! »

Tel était le seul mandat imposé par la majorité.

De quelque côté qu'on envisage la question, il n'y avait donc que péril en fait, comme il n'y avait qu'abdication de notre devoir en principe.

Il y avait encore à cette mesure un autre danger, danger sérieux, possible, auquel j'ai déjà fait allusion, et qu'il faut appeler par son nom : le *danger de trahison*.

En effet, la Commune ne pouvait-elle se tromper dans le choix des membres de ce Comité? Ne pouvait-elle y envoyer un ou deux traîtres, si elle en contenait dans son sein?

Les débats devant les conseils de guerre, qui ont suivi la défaite de la Commune, n'ont-ils pas prouvé que quelques-uns de nos collègues, sans être eux-mêmes des traîtres, étaient entourés, dominés, menés par des agents versaillais?

Notre choix ne pouvait-il s'égarer sur l'un de ces hommes peu clairvoyants, instruments d'une intrigue, d'une trahison qu'ils ignoraient?

Inutile d'insister, chacun comprend la situation.

Si la majorité se laissa entraîner à ce vote, c'est faute d'avoir pesé ces considérations, c'est fascinée par la magie de ce mot : *Comité de salut public !* qui lui rappelait les grandes luttes et les grandes victoires de la Convention.

Elle ne comprit pas que la situation n'était plus la même, que les mots n'ont aucune vertu propre, qu'un Comité de salut public pourrait très-bien avoir été une force pour une assemblée nommée la Convention, il y a quatre-vingts ans, assemblée placée dans certaines conditions et pourvue de certains moyens d'action, tandis qu'un Comité de salut public pouvait n'être qu'une faiblesse et une abdication pour une autre assemblée appelée la Commune de Paris, quatre-vingts ans plus tard, placée dans d'autres conditions et dépourvue des mêmes moyens d'actions.

Enfin ce Comité de salut public avait un dernier tort : c'était justement de s'appeler Comité de salut public, et de rappeler par là aux yeux des ignorants, de la grande masse en somme, des souvenirs de violence qui l'effraient, à tort ou à raison. En admettant même que la chose fut nécessaire, il aurait, en tous cas, mieux valu changer l'étiquette.

Qu'ici, comme en beaucoup d'autres points de cette nature, Thiers nous serve de leçon.

Quand Paris éventré, brûlé, ruisselant de sang, râlait à ses pieds, qu'a dit M. Thiers?

A-t-il parlé de créer un Comité de salut public, ou une dictature à son profit?

A-t-il parlé de créer un tribunal révolutionnaire?

Il a déclaré, du haut de la tribune, qu'il ne demandait pas de lois exceptionnelles, que la répression serait légale.

Et, en effet, il n'avait pas besoin de lois exceptionnelles, de tribunal révolutionnaire, de Comité de salut public, pour faire égorger des blessés, des enfants, des femmes, des vieillards.

Sans changer rien aux mots, ni au Code, il a

fait de Paris un Béziers au temps des Albigeois, massacré trente mille Français en huit jours, dépeuplé les faubourgs, envoyé sur les pontons, en Calédonie, au bagne, à Satory, tous ceux qui lui déplaisaient, qui lui faisaient peur.

Il n'a demandé qu'une création nouvelle : — UNE COMMISSION DES GRACES !

Ç'a été, avec les conseils de guerre, son tribunal révolutionnaire, et ça a fonctionné de manière à satisfaire les plus difficiles.

Auprès d'un Martel qu'est-ce qu'un Fouquier-Tinville?

Qu'est-ce que la guillotine de 93, frappant le condamné quelques heures après sa condamnation, à côté des agonies qu'ont endurées les condamnés des conseils de guerre, attendant pendant des six, huit, neuf mois, un an, que la *Commission des grâces* les envoyât à Satory?

Et cependant l'Europe ne s'est point indignée, non seulement parce que ceux qu'on assassinait étaient des révolutionnaires, mais surtout parce que M. Thiers, en sa qualité d'académicien, avait su choisir les euphémismes avec lesquels on assassine régulièrement, sans révolter la foule complice, lâche et stupide.

Toutes ces considérations amenèrent, pour la première fois, le groupement de vingt-trois membres de la Commune, qui combattirent le projet et motivèrent ensuite leur vote.

Je signai avec les citoyens *Andrieu, Avrial, Beslay, Victor Clément, Clémence, Courbet, Eug. Gérardin, Jourde, Langevin, Lefrançais, Malon, Ostyn, Serrailler, Theisz, Vermorel* et *Jules Vallès,* les considérants suivants :

« Considérant que l'institution d'un Comité de » salut public aura pour effet essentiel de créer

» un pouvoir dictatorial qui n'ajoutera aucune
» force à la Commune;

» Attendu que cette institution serait en oppo-
» sition formelle avec les aspirations politiques
» de la masse électorale dont la Commune est la
» représentation ;

» Attendu, en conséquence, que la création
» de toute dictature par la Commune, serait, de
» la part de celle-ci, une usurpation de la sou-
» veraineté du peuple ; »

« Nous votons contre. »

D'autres motivèrent différemment leur vote,
mais dans le même sens.

Les vingt-trois opposants s'abstinrent de
prendre part à la nomination des membres du
Comité, et signifièrent leur abstention dans les
termes suivants :

« Attendu que l'institution d'un Comité de
» salut public, n'est, suivant nous, que l'oubli
» des principes de réformes sociales d'où est
» sortie la Révolution du 18 mars, et le retour
» dangereux ou inutile, violent ou inoffensif, à un
» passé qui doit instruire, sans qu'on ait à le
» plagier, nous nous abstenons. »

Ces *vingt-trois* abstenants furent les citoyens ;
Andrieux, Arthur Arnould, Avrial, Beslay, Ba-
bick, Clémence, Victor Clément, Courbet, Eug.
Gérardin, Jourde, Langevin, Lefrançais, Longuet,
Malon, Ostyn, Pindy, Rastoul, Serrailler, Theisz,
Tridon, Jules Vallès, Varlin, Vermorel.

En agissant ainsi, la minorité était dans son
droit strict. Elle était aussi dans son devoir,
puisque ses membres, étant convaincus du danger
ou de l'inanité de la nouvelle institution, ils ne
pouvaient accorder à la majorité un vote de confiance ou de complaisance.

D'ailleurs, puisque nous nous étions trouvés en minorité, puisque ni notre opposition, ni notre abstention n'avaient empêché la nomination de ce Comité de salut public qui, d'après la majorité, devait tout sauver, les partisans de la dictature n'avaient aucune raison de s'irriter.

Ils tenaient leur Comité. Ce Comité n'avait qu'à fonctionner, qu'à sauver la situation. Nous ne pouvions l'en empêcher, et, quant à moi, quoique l'ayant combattu, j'aurais été profondément heureux qu'il remplît sa mission avec succès.

Personne de ceux qui me connaissent ne doutera, en effet, que je ne misse, à ce moment, comme de tout temps, le triomphe de la Révolution et le salut du peuple bien au-dessus du triomphe de mes opinions personnelles.

Je croyais que ce Comité était non seulement la négation de l'idée communale, mais encore qu'il serait impuissant, et qu'il était dangereux.

C'est pour cela que je votai contre.

Il fut, en effet, impuissant et ne fit rien de plus que n'avait fait la Commission exécutive, parce qu'il ne pouvait rien faire de plus.

La colère que notre vote inspira à la majorité est donc inexplicable en bonne logique.

La majorité, effectivement, ne pouvait s'en prendre à nous de l'insuccès de ses mesures, par cette bonne raison qu'étant la majorité, c'était elle qui gouvernait. — Elle était maîtresse. — Elle pouvait faire ce qu'elle voulait, elle le faisait.

Si elle ne réussit pas, cela tint donc, ou aux circonstances qui étaient insurmontables, ou aux moyens qu'elle employait pour les surmonter, ou à son incapacité politique. En tout cas, elle ne saurait s'en prendre à la minorité qui n'exerçait aucune influence sur la marche matérielle des événements, et dont toute l'action se bornait forcément à combattre les mesures qu'elle jugeait mauvaises, sans pouvoir rien imposer, rien empêcher, puisqu'elle était la minorité.

A la tête de tous les services, ne voyait-on pas tous les hommes choisis, désignés par la Commune, c'est-à-dire naturellement par la majorité ?

Nous pouvions être des critiques, nous n'étions pas des obstacles.

On ne saurait, dès lors, s'expliquer la colère, je le répète, que notre opposition, en certains cas, excita chez quelques membres de la Commune.

Cette colère, cette irritation tout au moins, fût cependant profonde et excessive.

Pourquoi?

Hélas! parce que la nature humaine est ainsi faite que beaucoup d'hommes sont plus portés à haïr ceux qui combattent sous le même drapeau qu'eux, pour la moindre différence d'opinion, que leurs véritables ennemis.

Cela tient aussi à ce que beaucoup d'hommes à vue courte ne voient que le petit obstacle qui se dresse devant eux et oublient, devant ce grain de sable qui leur blesse le pied, l'abîme qui va les engloutir, de même que le taureau, emporté par sa fureur aveugle, dans le cirque, se jette sur le morceau d'étoffe rouge qu'on agite devant lui, et ne s'inquiète pas du *Matador* qui va le frapper à mort.

Réduits à l'impuissance à l'égard de Versailles qui leur échappait à l'abri « derrière la plus belle armée de la France, » quelques membres de la Commune auraient volontiers exercé leur énergie révolutionnaire contre la douzaine de collègues qui, de temps en temps, combattaient leurs propositions parce qu'ils les trouvaient inefficaces ou nuisibles, impolitiques ou contraires à tous les principes, et voyaient le salut commun dans d'autres mesures dont j'ai, en plusieurs endroits, indiqué la nature.

Il y a aussi, dans l'esprit humain, une pente terrible à croire, pour chacun de nous, qu'il possède la vérité absolue, et que quiconque diffère d'avis est un adversaire, un ennemi, un scélérat de la pire espèce.

Pour le croyant religieux d'autrefois, quiconque ne priait pas Dieu, en certains termes, à certaines heures, était un hérétique, un misérable indigne de pitié, un être malfaisant, un ennemi de la société et de la divinité qu'il fallait détruire.

Pour trop de révolutionnaires, fanatiques aussi à leur façon, quiconque n'approuve pas toute mesure qualifiée par eux de révolutionnaire, fut-elle absurde ou parfaitement inoffensive pour ceux qu'elle prétend atteindre, est un ennemi de la Révolution qu'il faut frapper. — Révolutionnaires de conviction, de sentiment, de volonté, sinon avec intelligence, par cela seul qu'on les contredit sur un point, ils ne voient plus en vous que leur adversaire et l'adversaire de la Révolution.

A cet égard, leur raisonnement est limpide et d'une simplicité admirable.

Le voici dans toute sa candeur :

« Je suis révolutionnaire. Donc celui qui ne partage pas mon avis sur tous les points, n'est pas révolutionnaire ! »

C'est là une grave erreur.

Est révolutionnaire celui qui veut atteindre un but parfaitement défini qui s'appelle : — Affranchissement politique et économique du peuple, et triomphe de l'égalité sociale.

Or, pour atteindre à ce but, plusieurs moyens

III.   2

se présentent, et ces moyens varient dans une large mesure, suivant l'époque, le lieu, les ressources dont on dispose. C'est ici que peut commencer non pas la division, mais la diversité, car, chacun, selon les lumières de son esprit et son tempérament, préconise tel ou tel moyen, sans pour cela que l'on puisse suspecter sa bonne foi, son dévouement, ni son énergie.

Est-ce que tous, en acceptant le mandat de membre de la Commune, nous n'avions pas signé notre arrêt de mort?

Est-ce que tous, question même de conviction et de principe à part, nous n'avions pas le même intérêt personnel à voir triompher la cause communale, la cause du peuple, du moment où nous avions mis notre tête comme enjeu dans cette cause?

Est-ce que l'on pouvait supposer, à moins qu'il ne s'agit d'un traître payé par Versailles, que l'un de nous pût désirer ou préparer la chute de la Commune?

Il y avait un peuple, dont nous faisions partie, entouré d'assassins, et qui nous avait désignés pour veiller sur sa sûreté, pour déjouer les embûches, pour chasser ceux qui en voulaient à son existence. — Nous montions la garde à sa porte, et chacun proposait le moyen qu'il croyait le meilleur. — Je n'ai jamais vu autre chose dans l'assemblée de la Commune, et si j'ai pu souvent déplorer, combattre avec énergie certaines mesures que je jugeais peu intelligentes et absolument contraires au principe que nous représentions, sans que cet accroc au principe dût amener aucun résultat favorable, jamais je n'ai éprouvé de colère contre mes collègues, ni douté de leur sincérité.

J'avais assez à faire de haïr les ennemis du peuple, ceux qui le bombardaient et s'apprêtaient à l'égorger.

Malheureusement il n'en fut pas de même chez tous. Plusieurs, emportés par la passion, exaspérés par les événements, déséquilibrés par le sentiment du danger et de l'impuissance où ils se débattaient, trop bornés peut-être pour être justes, désireux même, qui sait? de se signaler, à quelque popularité passagère et de mauvais aloi, s'imaginèrent ou firent semblant de croire qu'ils assureraient la victoire du peuple s'ils supprimaient certains contradicteurs qu'ils rencontraient sur les bancs de la Commune.

L'un d'eux, un jour, me dit froidement :

« Arnould, le plus beau jour de ma vie sera » celui où je vous arréterai ! »

Je lui répondis :

« Je suis loin d'en penser autant à votre égard. » Je ne partage pas vos façons de voir; je blâme » vos façons d'agir, mais je vous regarde comme » un fidèle serviteur du peuple, comme un » homme sincère et dévoué, et le nombre de » ceux qui combattent résolument au service de » la Révolution n'est pas assez grand pour que » je voulusse le diminuer, quand nous avons » tant d'ennemis implacables à repousser. »

Je ne nommerai pas ce collègue. Il est mort en héros. J'estime son caractère, j'admire son courage, et malgré l'injustice de ses sentiments, malgré l'étroitesse de ses opinions, malgré les fautes qu'il a pu commettre, et qui nous font plus de mal aujourd'hui que toutes les calomnies de Versailles, jamais, de ma plume ni de mes lèvres, il ne tombera un mot qui puisse nuire à sa mémoire.

Il mourut pour la Commune : cela me suffit. — C'est à l'histoire de le juger.

D'ailleurs, la situation explique un peu ces violences et ces injustices. Il fallait avoir un grand fonds d'équité, un sang-froid exceptionnel, une certaine largeur d'esprit, pour rester toujours maître de soi, logique et juste, au milieu des circonstances atroces où nous sombrions. Je dois cependant ajouter, pour être vrai, que jamais la minorité, chez laquelle l'irritation eût été plus naturelle, plus excusable, plus légitime que chez la majorité, ne se laissa aller à aucune violence de parole, à aucune récrimination acerbe à l'égard de ses adversaires. Elle mit toujours les formes de son côté, ne s'emporta point, et, quand elle se décida à cette séparation dont il me reste à parler, ce fut après avoir tenté tous les moyens de conciliation. Les termes mêmes de notre *manifeste* en font foi.

Cette différence de conduite n'a rien d'étonnant eu égard aux tendances politiques des hommes de la majorité.

En somme, ils appartenaient à l'école autoritaire, de quelque nom qu'on veuille l'appeler, et s'ils étaient injustes, ils étaient aussi malheureusement conséquents avec eux-mêmes lorsqu'ils s'indignaient de toute opposition, lorsqu'ils ne voyaient dans une dissidence quelconque qu'un obstacle qu'il fallait broyer.

Ç'a toujours été le malheur et la faiblesse de ce parti révolutionnaire depuis 1792.

La Convention montra en grand le spectacle de ces déchirements et porta successivement une main homicide sur les diverses fractions qui la composaient, oubliant que l'ennemi était moins dans son sein qu'en dehors d'elle, et qu'en frap-

pant ainsi tous ses chefs, elle désarmait la Révolution elle-même devant la réaction aux aguets.

Après les *Girondins,* ce furent les *Dantonistes,*
puis les *Hébertistes*, puis les *modérés*, puis les
violents, puis Robespierre et les siens, et, quand
la Convention se fût saignée aux quatre veines,
quand elle eût décapité tous ses grands citoyens,
tous ses hommes de génie, d'action et de conviction, elle tomba sans force, sans idée, sans
volonté, aux mains des thermidoriens qui, le len·
demain, livrèrent la Révolution anémique,
exsangue et garrottée à Bonaparte.

Il faut nous accoutumer à respecter entre nous
le droit de libre discussion et de libre opinion.

Quant à moi, ainsi que je l'ai dit à la Commune, dans une assemblée politique, je n'admet-
trai jamais qu'on transforme en délit l'expression
d'une opinion sincère, loyalement proclamée.

Ce n'est pas là un obstacle qui puisse être
supprimé. *Il faut savoir vivre avec la liberté!* —
Quand il s'agit d'actes matériels, directement
nuisibles et vraiment dangereux, c'est une autre
question.

Cependant la scission s'aggravait entre nous.

La majorité affectait de se séparer absolument
de ceux qui avaient protesté contre le Comité de
salut public. Elle ne se réunissait plus à l'heure,
ni au lieu fixés pour les séances. Elle prenait ses
délibérations à part. Le Comité de salut public
agissait sans que nous pussions exercer un contrôle quelconque sur ses actes. Cette position
n'était pas tenable, en ce sens qu'elle nous rendait solidaires et responsables d'actes que nous
ignorions et qui s'accomplissaient en dehors de
nous!

Nous fîmes plusieurs efforts inutiles pour

mettre un terme à cet état de choses, sans y par-
venir. Impossible d'arriver à nous trouver en face
de nos collègues. Ils étaient devenus invisibles et
insaisissables. Pendant plusieurs jours, nous
guettâmes l'occasion de nous rencontrer avec
eux, de nous expliquer, de faire cesser ce malen-
tendu déplorable, en expliquant franchement nos
sentiments.

Tout fut vain.

C'est dans ces conditions que fut rédigé le
manifeste dit de la minorité.

Le voici :

« Les membres appartenant à la minorité de la
» Commune avaient résolu de lire à la séance
» qui devait avoir lieu régulièrement, le lundi
» 15 mai, une déclaration qui aurait, sans doute,
» fait disparaître les malentendus politiques exis-
» tant dans l'Assemblée.

» L'absence de presque tous les membres de
» la majorité n'a pas permis l'ouverture de la
» séance.

» Il est donc de notre devoir d'éclairer l'opi-
» nion publique sur notre attitude et de lui faire
» connaître les points qui nous séparent de nos
» collègues.

» *Déclaration.*

» Par un vote spécial et précis, la Commune
» de Paris a abdiqué son pouvoir entre les mains
» d'une dictature à laquelle elle a donné le nom
» de *Comité de salut public.*

» La majorité de la Commune s'est déclarée
» irresponsable par son vote et a abandonné à ce
» Comité toutes les responsabilités de notre situa-
» tion.

» La minorité à laquelle nous appartenons
» affirme, au contraire, cette idée, que la Com-

» mune doit, au mouvement révolutionnaire poli-
» tique et social, d'accepter toutes les responsa-
» bilités et de n'en décliner aucune, quelque
» dignes que soient les mains à qui on voudrait
» les abandonner.

» Quant à nous, nous voulons, comme la
» majorité, l'accomplissement des rénovations
» politiques et sociales ; mais, contrairement à
» sa pensée, nous revendiquons, au nom des suf-
» frages que nous représentons, le droit de
» répondre seuls de nos actes devant nos élec-
» teurs, sans nous abriter derrière une suprême
» dictature que notre mandat ne nous permet
» d'accepter ni de reconnaître.

» Nous ne nous présenterons donc plus à l'As-
» semblée que le jour où elle se constituerait en
» cour de justice pour juger un de ses membres.

» Dévoués à notre grande cause communale,
» pour laquelle tant de citoyens meurent tous les
» jours, nous nous retirons dans nos arrondisse-
» ments, trop négligés peut-être. Convaincus,
» d'ailleurs, que la question de la guerre prime
» en ce moment toutes les autres, le temps que
» nos fonctions municipales nous laisseront,
» nous irons le passer au milieu de nos frères de
» la garde nationale, et nous prendrons notre
» part de cette lutte décisive soutenue au nom
» des droits du peuple.

» Là encore nous servirons utilement nos
» convictions, et nous éviterons de créer dans la
» Commune des déchirements que nous réprou-
» vons tous, persuadés que majorité ou minorité,
» malgré nos divergences politiques, nous pour-
» suivons tous un même but :

» La liberté politique ;
» L'émancipation des travailleurs.

» Vive la République sociale!
» Vive la Commune! »

———

Ce manifeste reçut les signatures suivantes :
Ch. Beslay, Jourde, Theisz, Lefrançais, Eug.
Gérardin, Vermorel, Clémence, Andrieu, Ser-
railler, Longuet, Arthur Arnould, Victor Clé-
ment, Avrial, Ostyn. Frankel, Pindy, Arnold,
Jules Vallès, Tridon, Varlin, Courbet, Malon.

En tout vingt-deux membres de la Commune,
qui se décomposent ainsi :

Dix journalistes, hommes de lettres, commerçants, employés, comptables, et douze ouvriers,
donnant ensemble treize ou quatorze adhérents
de l'Internationale.

De ces vingt-deux citoyens, trois sont morts
aujourd'hui, Tridon, Varlin, Vermorel, le premier des suites de ses fatigues, le second fusillé
par les Versaillais, le troisième de blessures
reçues en combattant; quatre, faits prisonniers,
ont été condamnés à diverses peines, telles que
la déportation, le bagne, la prison; ce sont les
citoyens Jourde, Eug. Gérardin, Arnold, Courbet.
Le reste a pu échapper et subir l'exil.

En lisant ce manifeste, on peut constater la
modération de ses termes et le soin avec lequel
nous évitions de porter contre la majorité aucune
accusation blessante. Nous aurions pu cependant
lui demander avec quelque sévérité ce qu'elle
avait fait du pouvoir qu'elle venait d'exercer
depuis près de deux mois, et où nous avait menés
la réalisation de ses conceptions politiques, soit à

l'intérieur, soit à l'extérieur. Nous ne le fîmes pas, jugeant que le moment était mauvais pour de semblables explications, et sachant, d'ailleurs, que les fautes commises étaient soit une erreur de l'esprit, soit un défaut d'intelligence politique, non une absence de bonne volonté.

Dans la réunion où fut arrêté définitivement notre manifeste, on avait lu et discuté trois projets présentés par Jourde, Lefrançais et moi.

Le projet de Jourde fut choisi, comme étant celui qui nous mettait le mieux d'accord. Il avait, en effet, cet avantage d'indiquer en peu de mots et nettement les deux points principaux de notre attitude, sans entrer dans aucun détail.

Il déclarait que nous protestions contre la dictature, contre toute tendance de retour aux traditions autoritaires et archi-gouvernementales du passé, que nous revendiquions la souveraineté absolue du peuple, d'une part ; d'autre part que, *loin d'abandonner la cause communale, nous allions porter tous nos efforts contre Versailles, en prenant une part directe, personnelle, au combat, la seule chose importante du moment.*

Ceux donc qui nous accusèrent de lâcheté, de songer à « sauver notre peau, » ne nous avaient pas lu, ou mentaient sciemment dans un but de popularité malsaine, peut-être même de simple spéculation commerciale.

La peur ne pouvait avoir inspiré notre résolution, car cette résolution aggravait absolument notre danger personnel. Sans nous protéger contre Versailles, assez intelligent pour comprendre que nous n'étions pas ses adversaires les moins redoutables et les moins indomptables, cette résolution nous exposait à toutes les colères de la majorité.

III.   2.

Or, les avertissements de ce côté ne nous avaient pas manqué, et beaucoup des signataires du manifeste n'ignoraient pas qu'en apposant leur signature, ils risquaient pour le moins leur liberté immédiate.

Se mettre entre deux feux, n'a jamais, que je sache, passé pour un excès de prudence.

A côté de ces attaques violentes, injustes, et qui ne méritent pas une seconde d'examen, pour tout homme de bonne foi, la minorité recueillit l'approbation d'un grand nombre de groupes ouvriers constitués, tels que les sections de l'Internationale, et les membres de la minorité élus dans le quatrième arrondissement obtinrent même de leurs électeurs, réunis à cet effet dans la salle du théâtre Lyrique, une déclaration que je dois rapporter.

Partisan du mandat impératif, comme je l'ai déjà rappelé plusieurs fois, je ne croyais pas qu'un acte de cette importance pût être accompli par nous, sans être soumis à la ratification de nos électeurs. Ce sentiment était d'ailleurs partagé par les citoyens Clémence, Eug. Gérardin et Lefrançais, quoique ce dernier hésitât sur l'opportunité de la démarche (1). Nous résolûmes donc, sur ma proposition et mon insistance, de réunir nos électeurs, de leur exposer notre conduite politique. Nous voulûmes également profiter de cette circonstance pour rendre un compte public de notre gestion comme administrateurs de l'arrondissement, en vertu de ce principe démocratique qui exige que les administrateurs se

_____

(1) Amouroux, notre collègue du quatrième arrondissement, apparte nait à la majorité.

soumettent le plus fréquemment possible au contrôle direct de leurs administrés.

Le citoyen Lefrançais se chargea d'exposer en
notre nom le rôle politique de la minorité de la
Commune. Je fus chargé d'exposer les comptes
de notre administration et les résultats de notre
gestion.

Cette séance, on le comprend, avait une importance particulière. En conséquence, nous avions
fait venir deux sténographes pour reproduire d'une
façon complète tout ce qui se dirait dans cette
assemblée, ainsi que ses décisions souveraines,
si elle en prenait. Je n'ai malheureusement jamais
eu cette *sténographie* entre les mains.

De la sorte, je ne puis reproduire, comme cela
eût été nécessaire, ni notre compte rendu admi-
nistratif, ni mes paroles, ni celles de mes collègues, les citoyens Clémence et Eug. Gérardin,
qui complétèrent l'exposé fait par le citoyen
Lefrançais.

Le citoyen Lefrançais s'étant retiré avant la fin
de la séance, tout le poids de la discussion
retomba sur ses collègues, et, conformément à la
proposition du citoyen Amouroux, venu pour
représenter la majorité, l'assemblée décida qu'elle
se prononcerait sur notre conduite passée, qu'elle
exprimerait sa volonté sur notre conduite future.

Ce droit de l'assemblée était à mes yeux
incontestable. Nous avions convoqué nos électeurs, ils étaient venus au nombre de deux mille,
nous leur avions exposé notre conduite et ses
motifs. Si nos électeurs ne se prononçaient pas,
cette réunion n'avait aucune raison d'être, ou si
nous leur contestions ce droit, nous sortions des
termes du mandat impératif.

Ni Clémence, ni Gérardin, ni moi, nous ne

nous opposâmes donc nullement à ce que l'assemblée manifestât sa volonté par un vote expresse.

Seulement, avant le vote, je fis une déclaration dont voici le sens, sinon les termes que je ne me rappelle pas exactement en l'absence du procès-verbal sténographié où ils ont été consignés :

— « Vous êtes souverains. Vous avez le droit
» de blâme ou d'approbation. Vous pouvez
» décider, si vous le voulez, que nous retourne-
» rons siéger sur les bancs de la Commune, et
» je suis prêt à obéir à votre volonté, mais à une
» condition : C'est que je resterai maître de con-
» tinuer, à la Commune, la politique que j'y ai
» suivie jusqu'à ce jour, et que vous l'approu-
» verez, car, sans cela, ma conscience étant en
» désaccord avec la vôtre, je ne pourrais plus
» vous représenter sans mentir à mes convictions
» ou à mon mandat, ce qui est inadmissible. »

Les citoyens Clémence et Gérardin firent une déclaration analogue, et l'assemblée vota en résumé ceci :

1° Qu'elle regrettait la scission accomplie au sein de la Commune ;

2° Qu'elle désirait que nous reprissions nos siéges à la Commune, approuvant la politique que nous y avions soutenue, et nous autorisant à la continuer.

Le citoyen Lefrançais, qui a eu le texte sous les yeux, rapporte d'autre part, dans sa remarquable *Etude sur le mouvement communaliste*, que l'assemblée du théâtre Lyrique vota que « la minorité avait fait preuve en ces circonstances de conscience et d'honnêteté. »

Fidèles à nos engagements, nous assistions, le lendemain, Clémence, Gérardin et moi, à la séance de la Commune où je déclarai, au nom de mes deux collègues, que, sur la volonté exprimée par nos électeurs, qui avaient approuvé notre conduite politique, nous reviendrions désormais prendre part aux délibérations de l'assemblée.

Au moment où je m'exprimais ainsi les Versaillais pénétraient dans Paris. Nous étions au dimanche 21 mai, et cette séance devait être la dernière de la Commune.

Si nous avions obtenu le *satisfecit* de nos électeurs, après explications claires et loyales, je dois cependant reconnaître que le manifeste de la minorité ne fut pas généralement compris de la masse de la population. Beaucoup n'y virent que ce double fait qu'il y avait scission, et que nous nous retirions. Notre résolution avait, en effet, un caractère trop *parlementariste,* eu égard aux circonstances, pour être bien comprise de la foule. Cela était trop compliqué. C'était de la politique, et le moment n'y était plus. Le peuple qui, pris en masse, ne voit et ne peut voir que les grandes lignes, ne vit que ce fait que nous nous séparions de l'assemblée appelée Commune, et cette décision l'inquiéta, en lui faisant croire à un affaiblissement, à une dislocation du pouvoir sur lequel il comptait pour diriger sa défense et le sauver de ses ennemis.

Ici, je dois le reconnaître franchement, l'opinion publique avait raison.

Ce manifeste, ainsi que le constatent également les citoyens Malon et Lefrançais (1), eût le tort grave de venir beaucoup trop tard, à un

---

(1) Voir *Étude sur le mouvement communaliste,* par LEFRANÇAIS, et *La troisième Défaite du Prolétariat français,* par MALON.

moment où il ne s'agissait plus pour la Commune de savoir *ce qu'elle serait*, ni *comment elle serait*, mais *si elle serait*.

Si la Commune avait été victorieuse, ou, tout au moins, si elle avait eu encore de longs jours devant elle, si elle avait été au début de son existence, c'était un devoir d'appeler le peuple de Paris à se prononcer sur les principes qui devaient guider sa conduite, et de le mettre à même de choisir entre deux politiques de l'application desquelles dépendait peut-être sa perte ou son salut. Il est certain que si, dans les premiers jours d'avril, la minorité, constituée comme elle le fut à la fin de mai, avait tenté une démarche énergique pour ramener la Commune dans une voie plus moderne, plus conforme aux véritables intérêts de l'idée communale, aux aspirations *vraies* qui avaient armé le peuple de Paris, un grand bien eût pu en résulter.

Quelle que fut la décision qui eût été prise, la politique qui eût triomphé, il y avait, du moins cet avantage, que cette politique aurait été uniforme, et que nous évitions les déchirements qui se produisirent à la fin.

S'il n'en fut pas ainsi, cela tint au défaut d'entente de ceux qui devaient composer plus tard la minorité, et qui longtemps agirent isolément. Cela tint aussi à ce que la minorité se forma successivement, par adjonctions individuelles de divers membres qui, l'un après l'autre, devant les fautes commises, éclairés par les événements, voyant l'inanité des mesures préconisées, abandonnaient la majorité pour passer dans l'autre camp.

Telle fut, par exemple, l'histoire de Tridon, de Léo Fraenkel, de Varlin.

Quant au manque d'entente — faute capitale — il tint au caractère particulier de quelques-uns de ceux qui auraient pu la préparer, caractères trop personnels, individualités sèches, aimant à agir pour leur propre compte, et qui se croyaient diminuées chaque fois qu'elles se trouvaient d'accord avec quelqu'un.

Ceux-là ne consentirent à descendre de leur isolement majestueux et égoïste qu'à la vue de l'abîme où nous allions rouler tous.

Je dois ajouter enfin, à la décharge des signataires, qu'ils ignoraient, je crois, aussi profondément que moi-même, l'imminence du danger. J'étais parfaitement convaincu de la défaite finale, ne m'étant jamais fait d'illusion à cet égard, mais je ne pensais pas, à ce moment, qu'elle dût se produire avant une quinzaine de jours. Or, ce temps aurait suffi pour modifier la direction militaire et prendre diverses mesures de salut public, dont l'absence rendit plus effroyable la chute de la Commune.

En résumé, le manifeste de la minorité ne fut point une démission déguisée, comme on l'a dit. Ce fut un appel désespéré à l'opinion publique, dans le but que cette opinion, se prononçant avec force, amenât un changement à la direction suivie et qui nous paraissait fatale. Ce fut une dernière protestation au nom des principes essentiels suivant nous méconnus, et dont l'oubli créait de nouveaux dangers, sans parer à aucun des dangers normaux.

Seulement cet appel venant trop tard ne pouvait être entendu du peuple qui se battait, et qui jugea que, devant l'ennemi vainqueur, ce n'était plus le moment de se diviser.

Quant à dire, en fait, que cette scission affaiblit la défense, c'est une erreur. Elle ne produisit sur la défense ni bien ni mal.

Il était trop tard pour qu'elle put influer d'une façon quelconque sur les événements.

Les Versaillais étaient entrés. — Il n'y avait plus ni minorité, ni majorité. — Il y avait un grand naufrage qui engloutissait Paris, la France, la République, la Commune, Révolutionnaires, Socialistes, Jacobins, Fédéralistes.

Si les Versaillais furent vainqueurs cette semaine là, cela tint exclusivement à ce que les vraies mesures de défense militaire n'avaient pas été exécutées, car Paris convenablement armé, et on avait eu le temps d'y pourvoir depuis deux mois, est absolument imprenable de vive force.

XV

PARIS SOUS LA COMMUNE.

La Commune, ses agissements, ses luttes, nous ont forcés pour quelque temps d'oublier Paris et le peuple.

Jetons-y un dernier regard avant la catastrophe finale. C'est là, c'est dans le grand spectacle qu'offrit ce peuple pendant deux mois, que nous puiserons assez de force et d'espoir pour envisager sans découragement l'avenir à travers l'effroyable hécatombe qui se prépare.

Pendant ces deux mois, il y eut une véritable dictature dans Paris, la plus complète comme la moins contestée dont l'histoire gardera le souvenir, dictature non d'un homme, mais du peuple — seul maître de la situation. On avait déjà vu ce pouvoir populaire, à Paris et dans d'autres villes, mais pour quelques heures seulement, au milieu des désordres et des émotions d'une insurrection victorieuse.

Sous la Commune, il n'en fut pas de même.

Cette dictature dura plus de deux mois, du 18 mars au 22 mai, sans interruption.

J'ai dit *dictature*. Je me suis trompé. Le mot est mauvais et rappelle des idées de violence, de tyrannie, de suppression des lois, de la vie ordinaire, libre et régulière, qui ne sont pas de mise ici. En effet, le spectacle que présenta Paris, pendant ces soixante-dix jours, ne ressemble en rien à ce que l'on est habitué à voir, quand la vie est suspendue aux caprices d'un maître unique et tout puissant, alors que la soldatesque traîne partout son sabre taché du sang des citoyens, alors que la police triomphante règne sur un peuple agenouillé et avili.

Le Gouvernement dit *légal* avait fui.

Derrière lui avaient fui l'armée, la police, l'administration, la magistrature. Plus un seul représentant officiel de la société organisée. Pas même un simple employé !

Vides les ministères, vides les casernes, vides la préfecture de police et la préfecture de la Seine !

Vides les tribunaux, depuis la Cour de cassation jusqu'à l'humble salle de la Justice de Paix !

Vides les mairies, vide l'administration des postes !

Vides les caisses, car tous ces fuyards, tous ces déserteurs, avaient sauvé la caisse et rempli leurs poches !

La table rase la plus complète qu'on ait jamais vue !

Tout ce qui constitue le Gouvernement bourgeois, depuis 1789, avait disparu.

Comme les émigrants qu'on dépose au milieu des plaines de l'Ouest, aux Etats-Unis, le peuple de Paris se trouvait SEUL en face d'un monde à créer.

Les institutions s'étaient englouties avec les hommes. Une société à refaire de la base au faîte. On se serait cru au premier jour de l'histoire !

Il y avait une différence pourtant, c'est que l'émigrant se trouve en face d'une nature vierge, à laquelle il ne peut arracher ses richesses que par le travail, tandis qu'à Paris le peuple vainqueur se trouvait en face des richesses accumulées du vieux monde, de ce monde qui le traite en paria, l'affame et l'exploite depuis des siècles, richesses qui représentent le total de ses souffrances, superflu qui raconte ses privations, œuvre de ses mains qui forge son esclavage, or des heureux qui est le sang des déshérités.

On pouvait supposer que ce peuple allait se ruer à l'assaut de ces trésors, comme un héritier pauvre que l'avarice et la dureté de ses parents ont longtemps réduit au plus affreux dénuement, et que leur mort met enfin en possession du bien-être, de la fortune.

Erreur ! le peuple demanda, en échange du service militaire qui l'arrachait à tous ses travaux, qu'on lui continuât les trente sous qu'il touchait à l'époque du siége. Il demanda qu'on lui fournit, quand il irait au feu, le morceau de viande salée, le pain de munition et le verre de vin que touche le soldat en campagne. Il demanda qu'on l'af-

franchit de la crainte de se voir saisi par le propriétaire qu'il ne pouvait payer, n'ayant point
travaillé depuis un an.

Pour le reste, loin de songer à se faire justice
par lui-même, d'une façon sommaire, il attendit,
patient, grave et désintéressé, que la Commune
nommée par lui étudiât et tranchât les questions
dans le sens du Droit et de la Justice. Il ne se
rua qu'à la bataille et au travail. — Bataille contre
Versailles, travail de réorganisation.

Maître et seul maître, car la Commune n'était
qu'un pouvoir moral et n'avait d'autre force
matérielle que le consentement universel, que la
bonne volonté des citoyens, il se fut à lui-même
sa police et sa magistrature, et n'eût pas à réprimer un seul délit (1).

Pendant ces deux mois, y eût-il un seul pillage?

Y eût-il une seule caisse forcée?

Y eût-il un seul domicile violé pour d'autre
cause qu'une cause politique, lorsqu'il s'agissait
de rechercher un conspirateur, d'arrêter un traître
ou un espion, de désarmer un ennemi?

Dans le quatrième arrondissement, sauf deux
ou trois exceptions, les plus riches comme les
plus humbles magasins restèrent ouverts, ainsi
qu'aux jours de la plus grande confiance, depuis
le changeur, le bijoutier et l'horloger, qui étaient
des fortunes dans leur vitrine, jusqu'au magasin
de nouveauté, dont les innombrables vêtements
semblaient une ironie, une provocation, aux
bataillons allant aux tranchées, dans la boue,

---

(1) Je me trompe, il y eut quelques vols d'effets commis dans les
casernes par des soldats désarmés qui étaient restés dans Paris, et que
la Commune nourrissait. J'en fis arrêter un ou deux.

sous la pluie, avec une mauvaise vareuse, un pantalon trop mince, des chaussures qui prenaient l'eau, — restes de l'équipement dû à la munificence de Trochu, et que la Commune n'avait pu encore remplacer.

Dans quelques quartiers aristocratiques, dont les habitants avaient été porter leur peur et leur haine à Versailles, les magasins furent, au contraire, fermés et abandonnés par leurs propriétaires, et ces devantures closes qui bordaient les rues comme autant d'insultes, comme autant de menaces au peuple victorieux, restèrent respectées. Pas une ne fut enfoncée. Pas une n'eut à compter avec la colère, avec la justice de ce peuple tout puissant et poussé à bout.

Et pourtant que de représailles il aurait pu exercer !

Ce peuple, c'était celui qu'on fusillait prisonnier à Versailles !

Ce peuple, c'était celui qu'on surprenait, la nuit, endormi dans les avant-postes, à l'aide d'un mot d'ordre vendu, et qu'on égorgeait froidement !

Ce peuple, c'était celui qu'on bombardait sans relâche, portant la mort au hasard, dans les maisons, tuant l'enfant au berceau à côté de la mère qui veillait, pendant que le mari combattait làbas, dans Neuilly ou dans les forts !

Ce peuple, c'était celui qu'on dépeignait à la France stupéfaite, à l'Europe ahurie, comme un ramassis de bandits et de forçats en rupture de ban !

Ce peuple, c'était celui qu'on accusait de promener le pillage et le meurtre dans les rues labourées par les boulets conservateurs !

Et qu'auriez-vous dit, que seriez-vous devenus,

si, poussé par vos provocations, exaspéré par votre lâche férocité, mis hors de lui comme vous le mettiez hors la loi, il avait fait ce que vous lui reprochiez de faire?

Il tenait Paris tout entier.

Il tenait la Banque, il tenait les Finances, et le grand-livre de la dette publique, et tous les titres de vos fortunes!

Il tenait vos palais, vos hôtels, vos maisons, vos richesses de toutes sortes!

S'il avait pris, détruit tout cela?

Si, à chaque obus broyant une maison, frappant un être sans défense, il avait répondu en rasant un de vos Palais?

Si, aux proclamations du mari de la Galiffet, de Jules Favre le faussaire, et consorts, il avait répondu en mettant la pioche et la mine dans vos nobles hôtels du noble faubourg?

S'il avait, quand vous assassiniez des femmes, des blessés, chargé ses canons avec vos titres de rente, et fait une cuirasse à ses boulets de fer avec l'or de vos porte-monnaies?

Auriez-vous trouvé le jeu de votre goût?

Que risquait-il après tout?

Que lui auriez-vous fait de plus que vous n'avez fait?

Vous ne pouviez pas le tuer deux fois, le déporter deux fois!

Vous ne pouviez fusiller que le père, la mère et les enfants!

Encore une fois que risquait-il à vous porter ces coups, à ouvrir dans vos coffres-forts ces blessures dont vous porteriez encore les cicatrices?

Il ne le fit pas!

Savez-vous pourquoi?

Non pour vous, certes, mais pour lui.

Parce que son niveau moral, comme cela devait être, est supérieur au vôtre.

Parce qu'il s'appelle la Civilisation, et que vous vous appelez la Barbarie.

Parce qu'il est le Droit, et que vous êtes la Force.

Parce qu'il est la Justice, et que vous êtes le Crime.

Parce qu'il est l'Avenir, et que vous êtes le Passé !

Parce qu'il représente un Principe, et que vous êtes le Privilége !

Ce peut être, au jour de la bataille, une infériorité momentanée, car la victoire, dans les luttes de l'heure présente où le sang coule, est souvent aux plus atroces, et, à ce point de vue, vous deviez être, comme vous l'avez été, les vainqueurs ! Mais chacune de vos victoires est un pas vers l'abîme qui vous attend ; chacune de ses défaites le rapproche du but.

Vous le sentez vous-mêmes. Vos fureurs et vos terreurs en témoignent, et au milieu de tous ces morts qui jonchent le pavé de Paris, c'est vous qui êtes le cadavre, c'est ce peuple décimé, déporté, mitraillé, qui est vivant !

Bien des fois déjà, le peuple vainqueur avait montré ce désintéressement. Elles ont parcouru le monde, ces lithographies qui représentent un ouvrier déguenillé montant la garde avec un vieux fusil devant le Palais d'un Rothschild quelconque, et veillant, affamé, sur les trésors que son salaire entasse pour autrui.

Mais en 1830, mais à Lyon, mais le 24 février 1848, ce peuple n'avait que de vagues aspirations. Il ignorait en partie ses droits. A son désintéressement se mêlait un véritable respect de la

propriété considérée dans son principe. Il n'avait
pas encore étudié les questions sociales. Il savait
qu'il avait faim, qu'il était malheureux, mais, s'il
devinait que ses exploiteurs étaient coupables au
point de vue de la fraternité humaine, il ne savait
pas qu'ils étaient condamnés par la science elle-
même.

Il ne savait pas que ses droits, c'était TOUT LE
DROIT!

Il y avait donc du préjugé, de l'ignorance, une
sorte de fatalisme résigné dans son désintéressement, un véritable respect pour les instruments
de son supplice.

En 1871, rien de semblable. L'éducation du
peuple s'était faite, à Paris, du moins.

Ces hommes étaient des socialistes de toutes
les écoles, différant peut-être sur certains points
de détail, mais d'accord sur le but et possédant le
même *credo* économique. Leur désintéressement
en prit un caractère plus élevé, et véritablement
grand. Ce ne fut pas de l'hésitation sur leur droit
et son étendue. — Non. — Ils *savaient* et ils *pouvaient!* — Ils ne *voulurent* pas, simplement
parce que, se sachant le droit, ils répugnèrent à
y mêler la violence.

Sûrs de leur voie, ils voulurent y marcher
comme des hommes, non comme des esclaves
révoltés.

Mûrs pour la Liberté et l'Égalité, ils eurent les
mœurs, la sagesse résolue, la patience énergique,
la modération virile des peuples qui sont dignes
de la Liberté et de l'Egalité.

Instruits, revenus des premières erreurs, des
premiers tatonnements, sachant que la Révolution sociale est une Révolution *scientifique* avant
tout, ils dédaignèrent la violence qui complique

les problèmes, qui recule les solutions, décidés à jeter régulièrement, scientifiquement, sur des assises inébranlables, les fondements de la nouvelle société. Ils discutaient dans leurs réunions, dans leurs associations, les articles du nouveau Code, attendant que la Commune élue par eux fit passer successivement dans la loi les vœux élaborés par eux, choisit, entre les diverses solutions possibles, la plus pratique, la plus simple, la plus définitive que les circonstances et l'état des mœurs pussent comporter.

Ils n'avaient pas hâte de jouir, de gagner du bien-être. Ils n'y songeaient même pas, sachant que cela n'est rien, que cela ne résout rien.

Ils voulaient seulement réformer l'organisation du travail, mettre la justice à la place de l'iniquité, l'égalité à la place des castes, restituer à chacun sa part équitable, reposer la pyramide sur sa base. Ils ne réclamaient rien en dehors du droit absolu. Ils ne demandaient pas de jouissances, ils exigeaient le produit intégral de leur labeur, leur autonomie sociale et politique.

Ce fut là, certes, l'un des côtés sublimes de ce grand mouvement, que les opprimés de la veille, vainqueurs du jour, se détournèrent impassibles des trésors mis sous leur main, pour ne chercher une amélioration à leur sort, une meilleure répartition de la richesse, du bien-être et du bonheur, que dans l'application stricte de la justice et la réalisation scientifique des véritables lois économiques.

Il n'y eût donc là, encore une fois, rien qui ressemblât au respect vague que l'esclave soulevé et inconscient du but conserve, malgré lui, pour le maître qu'il pourrait broyer du talon. Il y eût l'expérience, l'intelligence d'un peuple majeur qui sait ce qu'il veut et comment on l'atteint.

Il avait, d'ailleurs, tant de choses à faire, ce grand peuple, pendant ces deux mois !

Il avait d'abord à sauver sa victoire matérielle, et cela ne se pouvait qu'à coups de fusil.

Il avait aussi à réorganiser momentanément la vie externe, politique et sociale, de ce monde qu'on appelle Paris, et qui compte presque autant d'habitants que quelques-unes des nations indépendantes de l'Europe.

Je n'oublierai jamais, à cet égard, le spectacle que présenta le 4ᵉ arrondissement dont je parle plus particulièrement, l'ayant vu de plus près et administré avec deux de mes collègues pendant ces jours de tempête.

Que d'exemples d'activité, d'intelligence, de dévouement !

Dans chaque mairie, les membres de la Commune s'étaient entourés d'une commission, dite Commission municipale, qui devait administrer concurremment avec eux, sous leur responsabilité. Cela était essentiel, et sans ce rouage aucun de nous ne fut parvenu à mettre à jour la besogne écrasante dont il était surchargé. Dans presque tous les arrondissements, ce furent ces Commissions qui eurent la plus grande part à l'administration et qui gérèrent réellement les affaires municipales.

Il y eût là bien des hommes désintéressés, probes, zélés, mêlés à quelques ignorants, à quelques forcenés, à quelques intrigants.

Je ne parlerai que de la Commission du 4ᵉ arrondissement, la seule que j'aie vu fonctionner d'une façon continue. Elle se composait de douze membres dont les noms et les figures sont bien présents à ma mémoire, douze citoyens qui,

pendant deux mois, sans marchander ni la fatigue, ni le temps, restèrent là, sur la brèche,
passant toutes les journées à la mairie, y passant
les nuits à tour de rôle. C'étaient ou de simples
ouvriers, ou de petits commerçants que rien
n'avait préparé, la plupart, à ce métier d'admi-
nistrateur absolument nouveau pour eux. Ils s'y
mirent avec une résolution et un zèle admirables,
une honnêteté hors ligne, n'ignorant pas, eux
aussi, qu'en jetant leurs noms en avant, comme
ils le faisaient, c'était leur arrêt de mort qu'ils
signaient avec nous.

Pour ce travail de chaque seconde, nous leur
avions offert cinq francs par jour, et ils avaient
accepté sans observation. Ils eussent accepté
moins. Ils ne demandaient que le pain de leur
famille.

Plusieurs d'entre eux, pourtant, comme je l'ai
dit, étaient des commerçants et, en continuant
leur négoce, ils auraient pu gagner bien davantage.

Ceux mêmes qui étaient de simples ouvriers
avaient certes l'habitude d'un salaire plus élevé,
car ils comptaient parmi les plus habiles dans
leur état. Qu'importe? Qui songeait à l'argent?
Il ne fallait pas grever les finances de la Commune. Il fallait avant tout assurer le service de
la Garde Nationale et des nécessiteux en nombre
considérable. S'ils avaient eu de l'argent, loin
d'en demander, ils en auraient plutôt donné. (1)

Un dernier détail, avant de me séparer d'eux:

(1) Depuis que ces lignes ont été écrites, l'un d'eux, Dubacq, est mort
en exil, à Londres, tout jeune encore. Nous ne nous étions plus quittés
depuis le 4 septembre, où je le rencontrai pour la première fois, à la
mairie du 4ᵉ arrondissement. C'est un bon serviteur de moins pour la
Révolution, et pour moi c'est un ami perdu!

La Commission municipale se réunissait, une fois par semaine, avec les membres de la Commune, le soir, pour nous donner le résumé exact des travaux accomplis, exposer la situation des divers services de l'arrondissement, discuter les réformes à y apporter, les améliorations à y introduire.

A l'une de ces séances, les membres de la Commission demandèrent une faveur ; —c'est la seule qu'ils aient jamais demandée. Cette faveur, c'était d'avoir, pour chacun d'eux, à tour de rôle, vingt-quatre heures de congé, et voici sur quelle considération ils appuyèrent cette demande.

« Chacun d'eux, disaient-ils, appartenait à un bataillon de l'arrondissement, et leurs fonctions civiles les dispensaient du service militaire. Or, ils iraient passer ces vingt-quatre heures, chacun à son tour, aux avant-postes, près des bataillons au feu ce jour-là, afin de les encourager, de partager leurs fatigues et leurs dangers, de constater par leurs propres yeux si les combattants avaient ce qui leur était nécessaire, de recevoir leurs plaintes, leurs réclamations, de nous les transmettre. »

J'avoue que cette proposition me toucha vivement. Elle était, d'ailleurs, excellente à tous les points de vue. Les membres de la Commune ne pouvaient guère exercer cette surveillance d'une façon régulière, et ceux d'entre nous qui visitaient les lignes, le faisaient toujours avec une mission spéciale, dans un but déterminé, qui ne pouvait remplacer le but éminemment circonscrit, pratique, utile, poursuivi par les membres de la Commission municipale.

La proposition fut naturellement acceptée, et je ne doute pas qu'elle n'eût produit de très bons effets, si elle avait été généralisée, régularisée et mise à exécution plutôt.

En dehors de la Commission municipale, il y avait encore, à chaque mairie, le *Conseil de légion,* et l'*Etat-Major de la légion.*

Je ne dirai rien du premier. Il était entre les mains du *Comité Central* et donna beaucoup d'ennuis, créa de nombreuses difficultés à la plupart de mes collègues des autres arrondissements. Il y avait là une source de conflits d'attributions qui contribuèrent fortement pour leur part à paralyser la défense, à lui ôter l'unité dont elle avait besoin sous peine d'être inutile et d'aboutir à une catastrophe. Cependant, je dois reconnaître, pour être juste, qu'au quatrième arrondissement, nous eûmes très-peu de difficultés et de luttes avec ce conseil de légion, et que ces difficultés, ces luttes, tinrent plus à l'institution elle-même qu'à la volonté de ses membres.

J'eus des rapports plus fréquents, plus personnels, avec l'*état-major de la légion,* où se trouvait comme sous-chef de légion, c'est-à-dire comme lieutenant-colonel, le citoyen Guilletat, sur lequel, il faut que je m'arrête quelques instants.

C'était un ouvrier, mais un ouvrier-artiste, un de ces ouvriers distingués, hors ligne, plus artistes qu'ouvriers même, qui font la gloire et la fortune de l'industrie parisienne. Il était dessinateur en ameublements. C'était lui, quand une commande venait de quelque prince étranger ou de quelque millionnaire français, qui composait un salon, une chambre à coucher, un cabinet de travail ou de toilette, etc., et j'ai vu de sa main, à cet égard, des dessins en couleur, véritables petits chefs-d'œuvre de goût et de richesse. Il pouvait avoir vingt-huit ans. Jeune marié, et père de deux enfants, un garçon de cinq ans, une fille qui commençait à marcher, parisien pur sang de père en fils, abandonné dès le bas-âge à ses seules ressources, il était pâle et frêle comme tout bon parisien, et atteint, je le crois, d'une maladie de poitrine qui minait ses forces. Je n'ai pas vu de meilleur mari, d'homme plus rangé, plus sobre, apportant tout ce qu'il gagnait à sa jeune famille, quoiqu'il fût d'un âge, d'un tempérament, d'un caractère, à aimer le plaisir. Il habitait, dans la même maison que moi, l'étage au-dessus, deux petites mansardes sans air, sans espace, où régnait aussi tout le désordre de l'artiste et de l'ouvrier parisien. J'avais noué avec lui des relations d'amitié.

A l'époque où *la Marseillaise* luttait contre l'empire, j'avais déjà constaté son zèle et l'ardeur de ses opinions révolutionnaires. Au 18 mars, il entra à la mairie du quatrième arrondissement et prit une part active aux travaux préparatoires des élections. Il devint, pendant la Commune, sous-chef de la légion. Durant ces deux mois, malade et faible comme il l'était, quoique bien pris dans sa taille élégante, il resta vingt-quatre heures par jour à son service, ne voyant sa femme qu'à de rares intervalles, quand elle venait, pour quelques minutes, le trouver à la mairie, passant les nuits sans se déshabiller, sur une mauvaise paillasse jetée dans un coin de son bureau. Toujours debout le premier, au premier signal, toujours en mouvement, surmenant son corps sans pitié, montant à cheval pour conduire les bataillons de l'arrondissement à leur poste de combat, jetant ses forces, mieux que cela, sa vie, avec une prodigalité inouïe, car je voyais chaque jour sur sa pâle figure les ravages de la fatigue, de la maladie.

On m'a raconté que, pendant la dernière se
maine, on avait vu, derrière une barricade, son
cadavre percé de coups de baïonnettes.

Qu'il reçoive donc ici ce suprême témoignage
de justice et de sympathie.

Puisse son fils, s'il lui survit, se rappeler ce
qu'il doit à la mémoire de ce bon citoyen mort
pour lui assurer un avenir meilleur.

Parmi les chefs de bataillon, nous fûmes moins
heureux. Ce fut là la plaie de la quatrième légion.
Il y eut parmi eux des traîtres, deux entre autres,
qui au dernier moment disparurent et allèrent
rejoindre les Versaillais.

Il fallait réellement que les fédérés eussent
l'héroïsme chevillé au cœur pour se battre,
commandés par de semblables hommes. Plus
d'une fois, les bataillons dûrent marcher sans
leurs commandants retenus en arrière par un
prétexte quelconque, ou abandonnant leurs troupes aux avant-postes. On les arrêtait, on les tra-
duisait en conseil de guerre, et ils étaient rem-
placés par d'autres qui ne valaient pas mieux.
C'était là que se portait tout l'effort de la corrup-
tion Versaillaise. C'était de ce côté que Versailles
envoyait rôder ses agents, et Versailles réussit
plus d'une fois à y introduire ses complices.

Cependant il y eût de nombreuses et admirables exceptions. Beaucoup firent leur devoir hé-
roïquement dans Paris, et, parmi ceux de la
4e légion, il en est plusieurs qui mériteraient une
mention à part. Je n'en nommerai qu'un, le
citoyen Arnould, mon homonyme, et peut-être
mon parent, car nous étions du même pays.
C'était un Lorrain d'une bravoure à toute épreuve,
allant au feu le sourire aux lèvres, sachant parler

à ses hommes et leur inspirant autant de confiance que d'affection.

Il fut tué dans une sortie.

On a souvent parlé des orgies de la Commune.

Je pourrais citer beaucoup d'exemples personnels de la plupart des membres de l'Assemblée
qui mettraient à néant ces immondes calomnies
appliquées à l'*universalité* de ceux qui furent à la
tête du mouvement.

Je me contenterai de citer quelques faits généraux.

La Commune, quoique composée en majeure
partie de travailleurs sans fortune, ouvriers, hommes de lettres, employés, n'avait pas même de
buvette à l'hôtel de ville, comme en ont toutes les
assemblées.

On y avait simplement installé une table d'hôte,
où nous pouvions manger, *en payant,* lorsque le
temps nous manquait pour retourner chez nous,
ou lorsque les affaires nous retenaient là. Le
prix et le menu du repas avaient été fixés : c'était
1 fr. 50 c. le déjeuner, 2 fr. le dîner. On avait
droit à une demi-bouteille de mauvais vin ordinaire.

En un mot, un exécrable repas de restaurant
à prix fixe. — Telles furent les orgies de la Commune.

Quelques-uns de ses membres, ceux surtout
appartenant à la classe ouvrière proprement dite,
ne pouvaient se décider que difficilement à prendre
les voitures dont ils avaient besoin pour leurs
courses, et les payaient de leur propre argent, au
lieu de les faire porter en compte aux frais généraux. Il fallut la nécessité pour les y amener, et
ils y apportaient un certain scrupule. J'en pourrais citer plusieurs exemples.

Je livre tous ces détails au dégoût des grands hommes d'État du jour.

Je ne prétends pas, d'ailleurs, qu'il ne se soit jamais commis aucun excès, ni qu'il n'y ait eu aucuns ridicules. Ce que je veux dire et ce que j'affirme, c'est que ces excès furent toujours, comme ces ridicules, absolument individuels, bien loin d'être la règle. Où ils furent le plus nombreux, en somme, c'est parmi les agents inférieurs de la Commune, qui n'étaient pas tous préparés à leurs nouveaux devoirs.

Quelques-uns se grisèrent d'une situation inattendue.

Cette maladie sévit particulièrement dans les divers états-majors de la garde nationale. Il y eut là, pendant un moment, une véritable orgie de plumets et de galons, qui gagna même certains membres de la Commune. Le général Cluseret, ami de la simplicité républicaine et de l'austérité démocratique, signala et fit cesser en partie cet abus.

Le général Cluseret en avait d'autant mieux le droit que, pendant le temps qu'il passa au ministère, il y donna lui-même le modèle de cette simplicité. Ce général, ministre de la guerre de la Commune, ne revêtit jamais l'uniforme. C'est en paletot, en chapeau de feutre mou, une canne à la main, qu'il entra le premier dans le fort d'Issy abandonné de la garde nationale, à la suite d'une erreur, et y réinstalla les fédérés.

C'est en paletot, en chapeau de feutre mou, une canne à la main, après la sortie du 3 avril, qu'il conduisit sous un feu terrible, avec un sangfroid vraiment admirable, les troupes communalistes qui débusquèrent les Versaillais d'Asnières et l'occupèrent à leur tour.

Je ne nie donc pas les abus qui ont pu se produire, et qui étaient inévitables en pareilles circonstances. Seulement ce que je maintiens, parce
que j'en ai la certitude, c'est que ces abus, en
pleine Révolution, furent moins nombreux et
moins graves que ceux qui se produisent jour-
nellement, sous tous les gouvernements habi-
tuels, soit qu'ils s'appellent la royauté constitu-
tionnelle, l'empire ou la dictature Versaillaise. Ce
que je maintiens encore, c'est que, sous aucun
gouvernement, il ne s'était trouvé autant d'exemples de simplicité, de dévouement et de désintéressement, un niveau moral aussi généralement
élevé, que pendant ces deux mois.

Durant le temps que je passai à la mairie, au
milieu de bien des ennuis, de bien des inquié-
tudes tragiques, j'eus quelques moments heureux
et que je me rappellerai toujours avec joie.

S'il y avait certains décrets de la Commune
d'une application difficile, ou impossible, ou
pénible, il y en avait d'autres que tout honnête
homme, tout bon républicain-socialiste, ne pouvait faire appliquer qu'avec une profonde satisfaction.

Tel fut le *décret sur les loyers,* malgré les
lacunes que j'y ai signalées en leur temps.

Ce décret nous donna beaucoup d'occupations.
Les pauvres gens qui en profitèrent, et ils furent
nombreux, n'osaient croire à la protection réelle
de la loi et ne se servaient de leur droit qu'avec
hésitation. D'autre part, les propriétaires habi-
tués à voir tous les priviléges de leur côté, tous
les devoirs du côté des locataires, convaincus par
une longue pratique et la partialité du Code que
les intérêts de leur bourse sont absolument
sacrés, au-dessus de toutes les considérations

d'ordre moral ou de salut public, s'opposaient à l'exécution du décret et menaçaient leurs locataires récalcitrants. (1) Il nous fallut donc, pendant plusieurs semaines, jouer le rôle de juges de paix, faire venir les parties dans notre cabinet, leur expliquer la nouvelle loi et veiller à son exécution stricte.

Je vois encore avec quel étonnement reconnaissant les pauvres apprenaient qu'il était bien vrai qu'on avait songé à eux, et que, pour la première fois, ils allaient trouver un appui réel auprès des agents du Pouvoir. Cet étonnement était, certes, la satire la plus éloquente et la plus cruelle qu'on pût faire de l'ancien état social, redevenu l'état actuel. Le malheureux est tellement habitué à trouver une ennemie dans la loi, il est tellement convaincu qu'il aura tort, toujours tort, dans sa lutte contre les privilégiés, il est si bien accoutumé à être broyé sans pitié par les prétentions et l'omnipotence sans entrailles des gros écus, qu'il ne comprend pas, d'abord, qu'il en soit autrement.

Que de fois, j'ai eu des conversations dans le genre de celle-ci.

Une femme demandait à parler au membre de la Commune. Elle entrait timidement, inquiète, habillée de ses vêtements les plus propres, souvent en deuil. Elle attendait d'être seule pour s'expliquer.

— Citoyen, disait-elle alors, est-il vrai que je puisse déménager et emporter mes meubles, sans payer les termes en retard de mon loyer ?

---

(1) Ces menaces ne durent pas être toutes vaines, car sur les 300,000 dénonciations adressées en quelques jours à la police, après l'entrée des Versaillais, plus d'une fut l'œuvre, sans doute, de certains propriétaires contre les locataires qui avaient bénéficié, en déménageant, du décret de la Commune.

— Parfaitement, citoyenne. N'avez-vous pas lu le décret de la Commune?

— Si, mais je craignais d'avoir mal compris.

— Avez-vous le moyen de payer ces termes?

— Comment l'aurais-je? Voilà huit mois que je suis sans ouvrage. Nous avons vécu, depuis ce temps, avec la solde de mon mari, garde dans tel bataillon (2,25 par jour pour les hommes mariés). Il a fallu, avec cela, nourrir trois enfants. Tout ce qui pouvait s'engager est au mont-de-piété.

(Quelquefois la pauvre femme était veuve, son mari ayant été tué aux avant-postes. D'autres fois, il était simplement prisonnier ou blessé, ce qui revenait au même).

— Quel est votre propriétaire ?

— C'est un tel !

(Ici apparaissait, le plus souvent, le nom de quelque riche banquier, ou négociant, ou entrepreneur, bien connu dans le quartier pour sa grande fortune).

— Eh bien, citoyenne, vous n'avez qu'à déménager quand vous le voudrez.

— Et on ne me gardera rien ?

— Rien!

— Je pourrai emporter mes meubles, mon linge, mes vêtements, ceux de mes enfants, ma machine à coudre, etc.?

— Vous pourrez emporter tout.

— Mais le propriétaire s'y opposera. Il est impitoyable. L'année dernière, il a fait saisir une pauvre femme dont le mari était à l'hospice depuis plusieurs mois.

— L'année dernière, il a fait ce qu'il a voulu. La loi était pour lui. Aujourd'hui la loi est pour la justice. La propriété du pauvre est aussi sacrée que celle du riche. Chacun doit supporter sa part des malheurs publics. Cette part, pour vous, s'appelle le chômage, un hiver sans feu, des journées sans pain, les enfants malades faute de nourriture suffisante, la santé de la mère ruinée. Pour lui ce sera une légère diminution dans ses revenus ordinaires. La morale ne permet pas que le plus riche dépouille le plus pauvre, qu'il le jette sur le pavé sans asile, qu'il s'approprie le *produit total* de votre travail, pour s'épargner une gêne momentanée. Si vous ne lui payez pas son terme, sa maison lui reste, sa situation est donc intacte. S'il oppose quelque résistance à votre départ, venez à la mairie. Vous y trouverez l'appui nécessaire.

Bien souvent, la pauvre femme s'en allait les larmes aux yeux, après avoir exprimé sa surprise et sa reconnaissance d'une façon touchante.

Nous essayions alors de lui faire comprendre qu'elle ne devait pas nous remercier, qu'il ne s'agissait pas là d'un acte d'humanité passager, d'une aumône déguisée, d'une grâce, d'un bon plaisir, en un mot, mais d'une des mille applications du retour au droit, à la justice, à l'égalité.

Dans ces moments-là et quelques autres semblables, on se sentait heureux de représenter le Pouvoir, d'être à même de tendre une main ferme et loyale à ceux qui souffrent, de relever ceux qu'on écrase, de faire pénétrer un rayon de soleil dans ces couches profondes ou désespèrent les deshérités, et de leur dire :

— Debout, frère, ta place t'est réservée !

Ces moments de joie furent la seule récompense des quelques hommes convaincus et désintéressés qui ont donné leur avenir et leur vie pour l'accomplissement de ce devoir, qu'on a fusillés comme des criminels, ou que l'on traque comme des bêtes fauves.

Il faut rendre cette justice à la Commune, que, pendant son court règne, pas un homme, pas une femme, pas un enfant, pas un vieillard, n'a eu faim, n'a eu froid, n'a été sans asile, quoique nul gouvernement n'ait été plus sobre, plus scrupuleux sur les questions d'argent, quoiqu'il n'ait pas été touché aux innombrables richesses que contenait Paris, richesses appartenant aux plus implacables ennemis de Paris.

Jamais on ne fit plus avec moins.

Chacun eût sa part, j'entends cette part à laquelle tout homme a droit et qui assure sa vie. Cependant on a aujourd'hui le compte exact des dépenses du gouvernement communal, et on reste stupéfait en voyant avec quelles faibles ressources ce gouvernement soutint une guerre horrible pendant deux mois, et chassa la faim de tous les foyers d'un peuple immense qui ne travaillait plus depuis plus d'un an.

C'est là un des miracles de la démocratie vraie. C'est en s'attribuant le salaire d'un ouvrier que ces ouvriers de la Révolution sociale, que ces dictateurs sanguinaires qui restèrent pauvres et ne firent pas tomber une tête (1), aussi longtemps que dura leur pouvoir, trouvèrent les moyens de faire face à tant de besoins.

Peuple comprends, et souviens-toi !

Pour peindre l'aspect et rendre le caractère de Paris pendant ces deux mois, il faudrait la plume d'un Victor Hugo et le pinceau d'un peintre de génie.

Que de scènes émouvantes ou sublimes !

(1) Les exécutions sanglantes ne commencèrent qu'après le 23 mai, et la Commune avait tenu sa dernière séance le 22 mai. Pendant la semaine qui suivit, les membres de la Commune qui purent encore se réunir s'occupèrent du combat et ne gouvernaient plus.

Je les vois encore ces rues de Paris, dans leur calme majestueux ou leur animation virile.

Le canon et le bruit de la mitraille grondent sans cesse aux portes de la grande Cité, promenant leurs échos sinistres jusque dans le cœur de la ville. Nuit et jour, on entend le crépitement de la fusillade, le tonnerre sourd de l'obus qui éclate.

Le tambour bat, c'est un bataillon qui défile, allant au feu. Les hommes ont l'air grave et recueilli. Ce n'est plus cette gaieté qu'on avait en affrontant la mort devant les Prussiens. Alors, on allait au combat comme à une fête, et l'on ne comptait pas ceux qui succombaient. Qu'importaient quelques hommes de plus ou de moins? Est-ce que la France entière n'était pas une vaste pépinière d'hommes? Pour un de disparu, dix de retrouvés! Ceux qui tombaient avaient fait leur devoir. A d'autres de les remplacer... du moins, Paris le croyait.

Aujourd'hui, ce n'est plus la même chose. Le nombre en est compté des héros qui te saluent, Liberté, avant de mourir! Nul ne les remplace, et les rangs éclaircis resteront éclaircis. Aujourd'hui, ce ne sont plus seulement des hommes qui meurent, ce sont des flambeaux qui s'éteignent. Chaque révolutionnaire de moins est un foyer lumineux de la Révolution qui ne réchauffera plus l'humanité de sa flamme, qui n'éclairera plus la route de l'avenir de son rayonnement éclatant!

Puis ces français qui marchent à la mort, songent aussi que leurs balles vont trouer des poitrines françaises. Ces martyrs que le soudart Versaillais, le prétorien de Vinoy, égorgent désarmés avec une joie féroce et lâche, conser-

vent, malgré tout, un sentiment de pitié, de fraternité, pour ceux qu'ils regardent encore comme
des frères égarés, contraints, dominés, abrutis
par la discipline. Ils s'imaginent que ces fils du
peuple, qui redeviendront peuple demain, gardent
sous l'uniforme, sauf de rares exceptions, un
vague instinct de la solidarité qui doit unir tous
les malheureux, tous les rouages infimes et sacrifiés de l'odieux édifice social, tel que la barbarie
et la religion nous l'ont légué. Ils maudissent, ils
haïssent les chefs, les officiers. Pour ceux-là pas
de pitié, mais pour le reste, troupeau d'esclaves...

Ils ignorent que ces soldats sont des paysans,
partis du village ayant au cœur la haine de l'ouvrier des villes, surtout des *partageux* parisiens.

Ils ignorent que ces hommes, démoralisés sys-
tématiquement à la caserne par l'habitude de
l'obéissance passive qui avilit, voyant leurs généraux décorés pour les massacres de Décembre et
les fusillades d'Aubin ou de la Ricamarie, regardent la guerre civile comme une guerre quelconque pendant laquelle les soldats sont plus
choyés et les rations d'eau-de-vie triplées.

Ils ignorent que ces troupes de Bonaparte ne
pardonnent pas à Paris l'héroïsme de sa résistance aux Prussiens et la prolongation de la
guerre qui a prolongé leurs fatigues, leurs dangers, leur détention dans les forteresses de l'Allemagne victorieuse.

Voilà ce que leur disent leurs officiers, et voilà
tout ce que l'abrutissement du troupier, greffé
sur l'ignorance du paysan, leur permet de comprendre. Aussi sont-ils furieux, au retour, quand
la paix est signée, quand ils croyaient en avoir
fini avec les nuits passées sous la tente ou aux
tranchées sous une pluie de mitraille, de recom-

mencer une nouvelle campagne, et seront-ils sans
pitié pour ces incorrigibles Parisiens !

Cependant les bataillons fédérés traversent les
rues au milieu de la foule inquiète et sympa-
thique. En tête, derrière le chef de bataillon à
cheval, marchent les cantinières, jeunes femmes
coquettes jusque dans la mort, pimpantes sous
leur joli costume militaire, le baril d'eau-de-vie
sur la hanche, le chassepot en bandoulière, un
petit sabre au côté, s'avançant d'un pas résolu,
mêlant un sourire de fierté féminine à la gravité
du drame, épanouies comme des fleurs sur une
tombe. Tout à l'heure, sur le champ de bataille,
vous les verrez impassibles courir aux blessés,
ramasser les morts, ou prendre le fusil et faire le
coup de feu, pour venger un amant, un mari, un
frère, blessé, tué, sœurs de charité de la Révolution qui ne croient pas aux miracles en accom-
plissant des miracles de dévouement et d'héroïsme.

Mais le régiment s'arrête devant la mairie. Il
vient chercher son drapeau, le drapeau rouge à
franges d'or surmonté du bonnet phrygien, portant dans sa cravate le numéro du bataillon, et,
au milieu, brodés en lettres d'or aussi, ces mots :

COMMUNE DE PARIS.

Il n'a pas voulu marcher au feu avec le vieil
étendard tricolore qui a roulé dans la boue de
Sedan hier, qui se baigne aujourd'hui dans le
sang du peuple, que les Bonaparte repassent aux
Louis-Philippe, et que Trochu vient de remettre,
souillé mais intact, aux mains de Thiers.

Les hommes forment le carré sur la place, les
officiers au centre avec la musique. Les membres
de la Commune, l'écharpe au côté, descendent
portant l'étendard de la Révolution. Ils le con-

fient à ces mains sans peur, brunies par le travail, noircies par la poudre. En quelques mots, ils
rappellent aux combattants la grandeur de la
cause pour laquelle a coulé, coule, coulera tant
de sang.

Ils parcourent les rangs, écoutant les réclamations, échangeant les fraternelles poignées de
mains. Les tambours battent aux champs, le
drapeau se déploie, un cri unanime :
Vive la République !
Vive la Commune !
s'échappe de toutes ces poitrines dont beaucoup,
tout à l'heure, ne se soulèveront plus que pour un
dernier soupir, la musique entonne la *Marseillaise*, et les voilà qui partent, vieillards en cheveux blancs, hommes d'âge mûr, jeunes gens
enthousiastes, femmes souriantes, vers ce point
de la ville où plane une fumée épaisse, sillonnée
par des éclairs, où résonnent plus éclatantes,
sans relâche, les détonnations meurtrières.

Que de fois mon cœur s'est serré en les voyant
s'éloigner ainsi ! Que de fois des larmes ont
rempli mes yeux, quand je leur parlais de la victoire due à leurs efforts ! La partie était engagée,
il fallait la jouer jusqu'au bout et faire tout ce qui
était humainement possible pour la gagner, quoique la victoire devint de plus en plus problémâ-
tique ; — mais que cela était cruel quelquefois !

Quel est ce nouveau bruit de tambours ? Quels
sont ces nouveaux bataillons qui se massent
devant l'hôtel de ville, ceux-là ?

Quel aspect différent !

Les homme sont pâles et fatigués. Les vêtements sont couverts de poussière et de boue. Le
drapeau pend en lambeaux le long de la hampe.

Les visages ont une expression sévère et triste sans découragement.

Ils sortent de la fournaise!

Ce sont les survivants!

Ils viennent à la Commune lui montrer ce qu'ils ont fait, et lui jurer de recommencer jusqu'à ce que le dernier combattant ait succombé. Pour récompense, ils demandent que leur drapeau aux plaies béantes soit placé dans la salle des séances, ce drapeau dont ils sont fiers, et devant lequel, sur leur passage, la foule s'est découverte, ce drapeau en guenille, blason de leur noblesse révolutionnaire.

La Commune interrompt sa séance et descend en masse au milieu de ces héroïques apôtres de la *Bonne nouvelle* sociale. On interroge les officiers.

— Combien avez vous perdu d'hommes?

Hélas! le total est toujours terrible, et chaque fois, il semble augmenter, car, chaque jour, la lutte se rapproche et devient plus sanglante. — Et ceux qui restent? — Ceux-là sont prêts à recommencer. Quelques jours de repos, le temps d'embrasser leurs femmes, leurs enfants, leurs vieux pères, et au premier roulement de tambour vous les retrouverez.

Entendre, voir cela, et être vaincus!

Du reste, personne ne songeait à cacher le nombre des morts, à jeter un voile sur les pertes, et la Commune agit à cet égard comme aucun gouvernement n'eût osé le faire. C'est que la Commune, malgré toutes ses fautes, malgré toutes ses erreurs, malgré l'incapacité trop flagrante de plusieurs de ses membres, était bien, à certains égards, l'émanation directe du peuple de Paris, et sentit battre toujours son cœur à l'unis-

son de la grande Cité. Aussi, loin de procéder
aux enterrements de ses morts, la nuit, en
cachette, elle les promena au grand soleil, à travers les rues populeuses de la capitale, leur
rendant, avec une ostentation pleine de grandeur, un dernier hommage qui était en même
temps une suprême protestation contre la prodigalité barbare avec laquelle les champions
du passé versaient le sang le plus généreux de
la France.

C'était bien connaître le peuple de Paris, d'ailleurs, que de lui parler ce langage héroïque, et
la vue de ces longues files de corbillards, qui
aurait découragé toute autre agglomération
humaine dans les circonstances ordinaires, haus-
sait les cœurs à la grandeur de la tâche.

Pendant deux mois, ce fut la seule vengeance,
la seule représaille de la Commune de tremper
ses mains dans son propre sang et de les agiter
vers le ciel, comme pour prendre l'univers à
témoin de la barbarie de ses ennemis, et appeler
l'attention de l'histoire sur le contraste de ce
peuple voué aux furies de la réaction, et qui, de
tous les droits de la guerre, n'acceptait que celui
de mourir en défendant la justice pour tous.

Pendant deux mois, elle exposa aux yeux de la
foule, les cadavres de ses enfants, en lui disant
fièrement :

— Compte tes martyrs. Ils ont fait leur devoir,
imite-les !

Et ce langage fut écouté, compris, et tous ces
hommes qui se découvraient, toutes ces femmes
qui s'inclinaient devant le spectacle de la mort,
n'en ressentaient ni peur, ni défaillance. On ne
leur cachait point le danger. On l'étalait sous

leurs regards. Ils savaient ce que cela coûtait, et ils ne reculaient pas.

Rien de plus beau, d'ailleurs, de plus simple et de plus éloquent que la mise en scène.

Pour tous, le même corbillard noir, sans autre décoration qu'un faisceau de drapeaux rouges, avec un long crêpe aux quatre coins de la voiture. En tête les tambours, voilés d'un crêpe également, faisant entendre à intervalles réguliers un roulement funèbre. Derrière, la musique de la Légion jouant des marches, dont quelques-unes composées par les chefs de musique étaient réellement admirables d'expression, mélange de larmes et de résolution stoïque. Après, les corbillards à la file, quelquefois au nombre de vingt ou trente. Quand la moisson était trop forte, les morts trop nombreux, de plus grandes voitures contenaient jusqu'à quatre ou six bières empilées l'une sur l'autre. Sur les côtés, un rang de gardes nationaux appartenant à la compagnie, le fusil renversé, le canon en bas. A la suite des corbillards, la veuve, les orphelins, les parents, puis les membres de la Commune appartenant à l'arrondissement, ou des représentants des municipalités, les officiers de tous grades qui n'étaient point de service aux avant-postes. Les amis, les députations ouvrières, une compagnie en armes, fermaient la marche.

Ce long cortége défilait lentement au milieu de la foule recueillie, et qui ne devint jamais indifférente, quoique ce spectacle se renouvelât tous les jours, et plusieurs fois par jour, dans tous les quartiers. La plupart de ces enterrements avaient lieu au Père-Lachaise. On passait donc sur la place de la Bastille. Le cortége faisait le tour de la colonne de la Liberté. Tout le monde se découvrait, les tambours battaient aux champs.

C'était le peuple qui venait dire aux combattants de Juillet 1830 :

— Voilà vos fils! Ils ont combattu, ils sont morts comme vous, pour assurer un meilleur sort à leurs enfants. Maintenant ils viennent vous rejoindre, ils sont dignes de vous!

Alors la longue file s'engageait dans la rue de la Roquette, à travers le faubourg Antoine.

Je me rappelle encore le premier de ces enterrements dans le quatrième arrondissement.

C'était un dimanche. Un soleil éblouissant inondait la ville de cette lumière printanière si douce et qui donne envie de vivre. La foule endimanchée animait les rues, remplissait les promenades, se portant surtout vers les Champs-Elysées. De la terrasse des Tuileries, de la place de la Concorde, on entendait le bruit distinct de la bataille, on voyait le ciel bleu et riant coupé de nuages de fumée. C'étaient les obus, les boîtes à mitraille, qui éclataient. La nature était en fête, l'air embaumé de la senteur des premières feuilles. Une population immense où les femmes dominaient, en toilette de printemps, — jeunesse et grâce, promesse de joie et de long avenir, — se mêlaient aux buissons en fleurs, couvrait les pelouses vertes, jusqu'à la hauteur du Palais de l'Industrie.

Au-delà une ligne noire coupait les Champs-Elysées. C'était le cordon des gardes nationaux, annonçant que là commençait le domaine de la mort et du combat sans merci, que tout près des milliers d'hommes, de Français, s'égorgaient avec une fureur sombre, parce qu'il s'était trouvé en France une ville qui avait bondi sous le talon de Thiers, un peuple qui, n'ayant pu sauver la patrie, avait voulu sauver la Révolution, et

refusé de livrer ses armes rouges encore du sang
Allemand, aux traîtres amis de l'Allemand, aux
conspirateurs amis de la Royauté.

Les projectiles Versaillais venaient tomber à
quelques mètres du cordon des gardes nationaux,
crachant la poussière et la mort à la face de
toutes ces femmes, de tous ces enfants, de tous
ces vieillards, allant rétentir dans le cœur de
milliers de créatures inoffensives comme le glas
funèbre de quelque chère agonie.

Dans ce jour de printemps, de fête, leurs sif-
flements aigus, leurs sourdes détonations, étaient
le seul bruit qu'on entendît au-dessus de la foule
brillante et muette.

Les morts que nous devions enterrer ce jour-
là étaient au nombre de trois. C'était la carte de
visite de l'horrible réalité à la 4e légion. On les
avait déposés à l'ambulance des Champs-Elysées,
sise au palais de l'Industrie. A deux heures, le cortége, massé devant la porte principale, se mit en
marche, se frayant un chemin à travers les flots
de la population. Il n'y avait que trois morts et
par conséquent que trois corbillards, dont les drapeaux rouges se profilaient hardiment dans l'atmosphère transparente. Le cortége suivit la rue de
Rivoli, passa devant les Tuileries, l'hôtel de ville,
la colonne de Juillet et remonta la rue de la
Roquette pour pénétrer dans le cimetière du Père-
Lachaise où les trois fosses avaient été prépa-
rées.

Les cinq membres de la Commune pour le
quatrième arrondissement avaient voulu accom-
pagner à leur dernière demeure ces premières
victimes de la guerre civile. Partout, sur le passage
du cortége, la foule formait la haie, et se découvrait émue et respectueuse, saluant trois martyrs

anonymes dont l'histoire ne gardera pas les noms.

Je vis des femmes qui essuyaient une larme furtive, non pas du peuple, celles-là ne pleuraient pas, mais de jeunes femmes en riche toilette, car, à ce moment, Paris presque tout entier ressentait une immense et profonde indignation contre l'attaque sacrilège des Versaillais. Au fur et à mesure que nous avancions vers les quartiers populaires, des cris de colère, des serments de vengeance, s'échappaient de la foule.

Je me rappelle encore la figure d'une vieille femme du peuple, rue de la Roquette. Son visage labouré de rides, était sévère. Toute sa physionomie respirait l'énergie. Son regard inquiet semblait chercher quelque chose. Tout à coup il s'arrêta. Elle venait d'apercevoir les écharpes rouges de la Commune. Sa figure changea d'expression. L'espoir et l'enthousiasme l'illuminèrent, et je l'entendis murmurer, comme je passais auprès d'elle :

— Les voilà !

Pendant que son regard presque attendri se reposait sur nous, avec quelque chose de maternel. On eut dit quelle retrouvait des fils depuis longtemps perdus, depuis longtemps attendus, et qu'elle ne croyait plus revoir.

Je ressentis à ce moment ce que j'avais déjà ressenti lors de la proclamation de la Commune : — le sentiment d'une effrayante responsabilité.

Cette femme nous croyait évidemment, dans sa foi naïve et ignorante, le pouvoir de sauver la Révolution, et qui lui eût prédit le prochain avenir eût été mal venu d'elle.

Pauvre femme !

Dans tout ce long parcours, il se trouva un individu qui ne se découvrit pas. Un des gardes nationaux de l'escorte se détacha sans bruit, et, d'un revers de mains, froidement, jeta le chapeau de cet homme dans le ruisseau.

Je vois encore les trois bières couchées fraternellement l'une à côté de l'autre dans la grande fosse, les parents, les amis, les gardes nationaux, venant y déposer des couronnes, les couvrant d'une pluie d'immortelles.

Ce sont des privilégiés, ceux-là! Qui les aime sait où trouver leur tombe, et ils sont morts croyant à la victoire.

Je ne citerai qu'un autre enterrement. Ce fut celui d'un artilleur.

Quand j'arrivai au lieu de réunion, — j'étais seul, ce jour-là, — je trouvai derrière la bière trois petits enfants, l'aîné pouvait avoir dix ans, se tenant par la main, et une veuve jeune encore, qu'on avait peine à soutenir, tant le désespoir l'avait brisée. Je la fis monter dans la voiture qui m'avait amené, car ses forces ne lui auraient pas permis de suivre le convoi.

C'était vers le milieu du mois de mai. Déjà l'atroce réalité de la défaite devenait évidente. Déjà l'on pouvait prévoir que toutes ces hécatombes humaines prolongeaient l'agonie de Paris, impuissantes à le sauver désormais. Déjà je ne pouvais plus entendre le tambour, voir défiler les bataillons, sans me demander ce qu'allaient devenir ces hommes, sans être saisi d'horreur et de désespoir à la vision du sort préparé pour eux. Déjà l'on pressentait que la mort planait sur toutes ces têtes où vivait la Révolution.

Sous l'empire de ces diverses émotions, j'improvisai devant cette tombe un discours qui peut se résumer ainsi :

« Jusqu'à présent, citoyens, vous avez combattu pour le triomphe d'une idée, dans un but sublime d'affranchissement et de progrès. Aujourd'hui, vous connaissez vos adversaires. Vous savez qu'ils sont sans entrailles, et c'est pour vous mêmes que vous avez à combattre, pour disputer votre vie, celle de vos femmes, de vos enfants, de vos vieux pères, aux vengeances de la réaction.

» Ne vous faites pas d'illusion. Ce ne sont pas seulement vos chefs qui risquent leur tête dans cette lutte gigantesque. Tous, vous êtes marqués pour la mort, si nos ennemis triomphent. Et quand je dis *tous*, entendez-moi bien. Je ne parle pas seulement de ceux qui ont pris le fusil, qui ont fait acte d'énergie. Non! c'est à Paris tout entier que Versailles en veut, c'est à ce peuple qu'on peut vaincre, mais qu'on ne peut abrutir, qu'on peut enchaîner, mais qui garde dans la défaite, comme sous le joug, sa libre pensée, son mépris et sa haine de qui l'écrase. Pour ce peuple, il n'y a pas de pardon, pour cette Cité, tête et bras de la Révolution moderne, il n'y a pas de merci à espérer. On vous frappera tous, sans distinction, non pour ce que vous avez fait tel ou tel jour, mais pour ce que vous êtes capables de faire, et pour ce que vous pensez. On vous frappera tous sans distinction d'âge, de sexe, ni de grade, parce qu'on vous craint tous indistinctement, parce qu'on sait que vous êtes tous indistinctement des juges qu'on ne peut acheter, des consciences qu'on ne peut éteindre, tous coupables de penser, d'espérer, de vouloir. »

Six semaines après, dans la retraite où j'échappais aux recherches de la police redevenue maîtresse de Paris, la personne qui m'avait arraché à la mort en me donnant l'hospitalité me rapportait les paroles du successeur de Piétri, le gendarme Valentin, à qui on demandait l'élargissement d'un Parisien arrêté par erreur, et qui n'avait pris aucune part aux événements :

« *Le fait seul d'être resté à Paris sous la Commune est un crime. Tout le monde y est coupable, et si cela dépendait de moi, tout le monde serait châtié.* (1) »

Le gendarme Valentin avait raison.

Pendant que je parlais sur cette tombe, j'avais entendu sangloter derrière moi.

Quand je me tus, un jeune homme, le visage inondé de larmes, s'avança, et, tendant la main, prononça ces paroles :

— Je jure de te venger !

C'était le frère aîné.

Je n'ai pas l'intention de dépeindre l'attitude des gardes nationaux au feu devant l'ennemi. Pendant la durée de la Commune, je n'ai pris qu'une part fort indirecte à la bataille proprement dite, beaucoup moins grande que pendant le premier siége. Des devoirs non moins graves, non moins importants, me retenaient dans l'intérieur de Paris, soit à la Commune, soit dans mon arrondissement. Je ne veux donc et je ne dois parler que de ce qui se passait dans l'enceinte des murs. D'autres ont déjà raconté en partie ce qui s'accomplissait au-delà.

Je me bornerai à rapporter quelques petits faits que je juge caractéristiques.

Comme je l'ai déjà dit, et comme personne n'oserait le nier aujourd'hui, jamais Paris n'a joui d'une tranquillité plus absolue, ne fut aussi sûr au point de vue matériel. Il n'y avait plus ni

---

(1) Je garantis l'authenticité textuelle de cette réponse.

police, ni magistrature. Pas de gendarmes, pas de juges! Il n'y eut pas un seul délit! En dehors des postes aux mairies, aux divers ministères, à l'hôtel de ville, nulle force armée dans les rues, dans les faubourgs, dans les quartiers excentriques. Mais chaque citoyen était armé, et tous veillaient sur leur propre salut et sur le salut de chacun.

Jamais, non plus, aucun gouvernement, je le crois, ne fut aussi bien gardé que le gouvernement de la Commune, dont le siége était à l'hôtel de ville. Là se concentrait toute la sollicitude du peuple, et une surprise, de quelque nature que ce soit, y eût été impossible. J'ai pu constater à cet égard, bien des fois, avec quelle rectitude, quelle intelligence, quel scrupule inouï, la garde nationale savait appliquer une consigne, quand elle en comprenait l'importance. J'ai pu constater avec quel dévouement que rien ne lassait nos fédérés enduraient toutes les fatigues sans une plainte, sans se relâcher une seconde de la plus active surveillance.

Comme un complot, une trahison, une attaque, pouvaient toujours être à craindre, une fois dix heures du soir arrivées, on ne pouvait plus circuler aux abords de l'hôtel de ville, soit qu'on y entrât, soit qu'on en sortît, sans le mot d'ordre.

Inutile d'avoir son écharpe de membre de la Commune, inutile de montrer son laisser passer.

— Tout le monde peut se procurer une écharpe ou voler une carte, — vous répondaient les sentinelles.

Jamais je n'en ai surpris une seule en défaut à cet égard, et chaque jour les bataillons de garde changeaient. Je me rappelle notamment une nuit. Il faisait froid. La pluie tombait à torrents depuis plusieurs heures. C'était un de ces temps à ne pas mettre « un chien dehors. » Les rues étaient vides. On ne voyait aucune sentinelle. Je crus que découragées par le froid, rassurées par l'aspect absolument désert des environs, elles s'étaient relâchées de leur surveillance ordinaire, la jugeant superflue. Il était deux heures du matin. Je sortais du Comité de salut public. Je m'avançai donc, ne m'attendant pas à être arrêté. Quelle erreur! Tous les dix pas, une ombre se détachait de l'abri d'une porte cochère, d'un pan de mur, de la saillie d'une devanture de boutique, me criant : Qui vive! — exigeant le mot de passe. Pas un homme ne manquait à son service! Pas un ne dormait! L'armée la mieux disciplinée n'eût peut-être pas atteint ce degré de perfection.

On est bien gardé, quand on est gardé par le peuple!

Un dernier détail, et j'en aurai fini avec ce côté de l'aspect de Paris.

C'était la nuit également. Nous approchions de la catastrophe, dont huit jours à peine nous séparaient. La journée avait été cruelle. Les enterrements avaient sillonné la ville, plus nombreux que jamais. Nous avions perdu beaucoup de monde. Les bataillons qui redescendaient des avant-postes, étaient rentrés affreusement décimés. L'espoir commençait à disparaître de tous les cœurs, Paris abandonné à ses seules forces qui diminuaient d'heure en heure voyait arriver la crise suprême, et luttait avec l'énergie, la résolution des désespérés.

Les tranchées des Versaillais s'avançaient et n'étaient plus qu'à quelques mètres de l'enceinte. Le cercle de feu se rétrécissait. Les détonations

arrivaient de plus en plus distinctes jusqu'au
centre même de la Cité, et la parabole décrite par
les obus venait aboutir plus avant au sein de la
capitale, menaçant de la frapper bientôt au cœur.

Cette nuit là, j'étais rentré chez moi sur le
tard, et, pour quelques instants, je m'étais jeté
tout habillé sur mon lit. Je demeurais à ce moment, rue de Rivoli, à l'angle de la place de la
Bastille. Je sommeillais depuis peu de temps,
lorsqu'un murmure confus montant de la rue et
le bruit des pas d'une troupe nombreuse me
réveillèrent en sursaut. Je me jetai à bas du lit,
j'ouvris la fenêtre, et je m'élançai sur mon bal-
con.

Il était entre deux et trois heures du matin. La
nuit était admirable, le ciel pur et rempli d'étoiles.
En face de moi, au loin, on voyait le bombardement de deux forts, par-dessus la gare du chemin
de fer de Vincennes. L'horizon de seconde en
seconde s'empourprait de deux ou trois immenses
éclairs, puis autant de serpents de feu coupaient
le ciel et venaient s'abattre en forme de boule sur
deux points différents. Cette pluie de feu indiquait
la situation des deux forts. Quelques moments
après, la détonation frappait les vitres de ma
fenêtre et se répercutait à travers les rues.
A droite, en me penchant, je voyais dans la
direction des Champs-Elysées, au-delà des Tuileries, un autre horizon, celui-là plus effrayant
encore. Là, une épaisse fumée voilait le ciel bleu.
Les éclairs se confondaient dans une succession
rapide qui enflammait sans relâche l'atmosphère
épaissie, et le crépitement sourd, ininterrompu
de la mitraille, roulait avec une uniformité terrible, quelquefois coupée par une détonation
plus sonore, lorsqu'une de ces pièces à longue

portée dont on ne s'était pas servi contre les Prussiens, apportait la mort au sein même de Paris.

On eut dit un épouvantable ouragan s'abattant sur un coin de la ville, une de ces trombes qui passent parfois sur la campagne, après les grandes chaleurs de l'été, semant la ruine et la désolation sur leur parcours. C'était bien un ouragan, en effet, ouragan de fer et de pétrole, trombe homicide déchaînée par les représentants du passé implacable contre l'avenir rejeté sous la pierre qu'il avait soulevée.

Ce soir là, à toutes ces lueurs, à tous ces glas, se joignait la lumière sombre d'un vaste feu, dans le haut du faubourg Honoré, où flambait une maison trouée par des projectiles incendiaires.

Je baissai les yeux, et je regardai à mes pieds. Trois bataillons fédérés défilaient devant la maison, et c'étaient eux dont le bruit m'avait arraché à mon demi-repos. — Sauf ces hommes, personne dans la rue déserte. — Ils marchaient vers les Champs-Elysées, se rendant sans doute à la porte de Neuilly, et voyaient se dresser devant eux, dans toute son horrible splendeur, la fournaise où ils allaient s'engouffrer. Ils pouvaient d'avance lire leur sort écrit en lettres de feu gigantesques sur le ciel sanglant. Nul n'était là pour les encourager du regard. Aucune foule ne les accompagnait, et ne pouvait exciter en eux ce sentiment d'amour-propre qui réveille et talonne les courages. Ils allaient au Devoir, seuls, ayant pour unique compagnon, pour unique fortifiant, dans cette nuit pleine de menaces sombres et de terreurs éclatantes, — le Devoir !

Je les regardai. — Le sac au dos, la capote serrée à la ceinture, le fusil sur l'épaule, ils marchaient fermes et résolus, d'un pas cadencé, avec le léger désordre dans les rangs d'une troupe qui sait qu'on ne la voit pas, et s'accorde un dernier moment de doux laisser-aller avant le combat dont beaucoup ne reviendront pas.

A leur marche, ces hommes joignaient un chant, mais fredonné seulement à demi-voix pour ne pas réveiller la ville endormie. C'était un chant mi-guerrier mi-satirique, un de ces chants populaires, comme Paris en enfante chaque jour, où la bonne humeur perce à travers la colère, où l'ironie se mêle à la menace.

Qui les voyait ? Qui les entendait ? — Ils se montraient simplement ce que la nature et une forte conviction les avaient faits, et nul ne devait savoir que, cette nuit-là, quelques centaines de Parisiens étaient allés à la mort, sublimes, le sourire aux lèvres.

Je les suivis des yeux jusqu'à ce qu'ils disparussent au loin, puis j'écoutai le bruit du canon, et je comptai les éclairs !

Il y aurait tout un livre à faire sur le Paris de la Commune, livre poignant et consolant, tableau de la grandeur morale, de l'enthousiasme révolutionnaire, des naïvetés, des joies, des illusions, de ce peuple qui ne devint sombre et terrible que sous le couteau, alors que chacun se battait derrière des remparts de cadavres, non plus pour vaincre, non plus pour sauver sa liberté ou sa vie, mais pour venger sa mort et la mort des siens, — alors que, dans la dernière convulsion de son agonie, la Révolution étendait autour d'elle ses puissantes mains que la raison ne dirigeait plus, pour entraîner avec elle dans l'abîme où elle se sentait engloutir, les bourreaux, les assassins qui se soûlaient de son sang.

Celui qui écrira ce livre plein de larmes et de sourires, plein de fureur et de mansuétude, celui-là, s'il a su *voir* et sentir, si son cœur a battu à l'unisson du cœur de Paris, si son esprit a été monté au diapason inouï de ces jours de lutte, d'espoir, de dévouement et d'écroulement, celui-là aura fait non-seulement une œuvre belle qui restera, mais une bonne action.

Pour moi, je n'insisterai pas davantage. Je n'ai pu qu'entrevoir, par échappées, en une seconde. J'ai ressenti quelques impressions, je viens d'essayer d'en fixer une ou deux, d'autres devoirs m'appellent.

Je ne puis pourtant pas abandonner ce tableau de Paris, sans parler de la *manifestation des Francs-maçons.*

Ce fut, avec la proclamation de la Commune, la plus belle journée, au point de vue scénique, de toute la Révolution. Elle en fut, pour ainsi dire, la clôture, de même que l'autre en avait été l'ouverture. Elle fut comme ce dernier rayon de soleil qui se glisse entre les nuages, au moment où, accumulés de toutes parts à l'horizon, en masses profondes, ils vont s'unir pour étendre un linceul uniforme sur la nature terrifiée.

Il était midi, un soleil resplendissant inondait Paris de lumière. Sur la place de l'Hôtel de Ville, dix mille Francs-maçons, avec leurs insignes et leurs bannières, brillantes d'or, d'argent, de soie, aux couleurs éclatantes. Tous ces insignes qui, en temps ordinaire, peuvent paraître enfantins et choquer en rappelant les mœurs et les mystères des siècles passés, avaient, ce jour-là, revêtu un caractère imposant et bien fait pour frapper l'imagination. Les grands-maîtres étaient là, presque tous vieillards en cheveux blancs, au premier rang.

Une députation pénétra dans la cour intérieure, dite de Louis XIV. Cette cour, couverte d'un vitrage, entourée d'une galerie reposant sur des colonnes de porphyre rouge, était décorée dans le fond d'un double escalier de marbre blanc à rampe d'or, faisant terrasse dans le haut. Sur cet escalier, était réunie la Commune entière avec ses écharpes rouges. Au-dessus se déployait un immense drapeau de pourpre éclatante.

Le citoyen Tirifocq, un homme de grand cœur et de valeur, l'un des plus anciens, des plus actifs, des plus dévoués Francs-maçons présents, porta la parole, déclarant que la franc-maçonnerie venait se rallier à la Commune, mais que, comme cela était son devoir, elle allait tenter une suprême démarche auprès du gouvernement versaillais pour arrêter l'effusion du sang.

« Si cette démarche, ajouta le frère Tirifocq, échoue, si une seule balle, si un seul éclat d'obus déchire une seule de nos bannières de paix et de fraternité, nous le jurons, nous tous ici présents, renonçant pour une heure à notre mission de paix et de fraternité, nous deviendrons les combattants du droit, nous prendrons nos fusils, et recouverts de nos insignes maçonniques, nous marcherons au feu, en tête des bataillons fédérés. Pour aujourd'hui, nous allons planter nos bannières sur les remparts, partout où se déchaîne le bombardement, et marcher sur Versailles, afin de lui faire entendre la voix de l'humanité et de la raison. »

Le citoyen Beslay, membre de la Commune de Paris, dont il était le doyen d'âge, et doyen d'âge aussi de la franc-maçonnerie parisienne, répondit quelques mots émus au frère Tirifocq. Le citoyen Félix Pyat prit aussi la parole pour expli-

III.   4.

quer que la Commune entière aurait voulu marcher au feu avec les francs-maçons, mais que retenue par d'autres devoirs, et aucun de ses membres n'ayant voulu renoncer à ce périlleux honneur, on avait procédé à un tirage au sort.

Félix Pyat se trouvait parmi les élus et s'en félicita.

Le frère Tirifocq tenait une bannière blanche, où étaient inscrits, en lettres d'or, ces mots :

AIMEZ-VOUS LES UNS LES AUTRES !

Le citoyen Beslay s'en empara, au nom de la Commune, et le frère Tirifocq reçut, au nom des francs-maçons, le drapeau rouge du peuple.

Alors commença le défilé, et derrière ces deux vieillards portant fraternellement la bannière blanche de la paix et l'étendard rouge de la Révolution, se massèrent les dix mille maçons, chaque loge précédée de sa bannière propre. L'immense cortége, traversant la foule émue, aux acclamations mille fois répétées de : *Vive la Commune!* remonta la rue de Rivoli, salua la colonne de la Bastille, puis, par les boulevards, le faubourg Honoré, se rendit sur les remparts, où les frères fidèles à leur promesse plantèrent leurs bannières pacifiques, en face de l'ennemi stupéfait.

Une députation alla jusqu'à Versailles. Le frère Tirifocq vit Thiers, lui parla, et Thiers, vieillard, ayant déjà un pied dans la tombe, se montra impitoyable devant cet autre vieillard dont les cheveux blancs auraient dû pourtant l'émouvoir et lui rappeler que la mort qu'il tenait dans sa main suspendue sur la tête d'un peuple entier, marquait déjà ses ongles sur son crâne jauni.

Impassible, il répondit qu'il fallait que Paris

se rendit à discrétion, et qu'il châtierait les criminels.

Ce jour fut le dernier jour d'espoir et d'illusion
de Paris.

En voyant cette longue procession d'hommes
pacifiques, estimés, reconnus honnêtes par l'univers entier, composée de commerçants, de gens
établis, qu'on ne pouvait calomnier comme la
masse du peuple, accuser de convoitises viles et
de passions hideuses, Paris crut, pendant une
seconde, que Versailles en serait ébranlé et
comprendrait qu'il n'avait plus à faire à une
insurrection, mais à une grande et véritable
Révolution.

J'ai déjà expliqué que cela importait peu à
Versailles, ou ne pouvait que l'exaspérer davantage contre Paris.

Paris crut aussi que cette manifestation imposante de la franc-maçonnerie agirait sur la province, lui ouvrirait les yeux, que les francs-
maçons de la France entière, et ils sont nombreux,
se lèveraient tous, et tenteraient des démarches
analogues, ou agiteraient le peuple des grandes
villes.

Il n'en fut rien. Il n'en pouvait rien être.

Depuis longtemps la franc-maçonnerie n'est
plus qu'une ombre, ne vit plus que sur son passé.
C'est un souvenir, rien de plus. On s'y fait recevoir comme dans un salon, sans que cela ait plus
d'importance ou de portée. La solidarité, la solidarité politique surtout, n'existe plus entre ses
membres.

Il y avait des francs-maçons parmi les officiers
qui commandaient le feu contre ses bannières.

Son adhésion à la Commune fut un dernier
acte de vitalité. Le jour où elle voulut agir,

prouva son impuissance. Le jour où elle voulut
vivre, prouva qu'elle n'était plus.

Ne la plaignons pas!

Elle est bien morte, — elle est morte dans les
bras du peuple. Elle a rendu son dernier soupir
avec Paris, et sa suprême agonie s'est confondue
avec le râle de la Révolution qui tombe et se
relève.

La franc-maçonnerie n'est plus, mais le peuple
dont elle a cherché la vigoureuse étreinte vit
toujours, et l'idée qu'elle affirma dans cet instant
solennel est immortelle. A la Commune, elle
aura contribué à donner sa signification, et si
l'on voulait peindre d'un seul trait de pinceau la
moralité et la portée du 18 mars, définir le mouvement communal tel qu'il fut réellement, il suf-
firait de montrer les deux drapeaux, — le drapeau
rouge du peuple, le drapeau blanc de la franc-
maçonnerie, — l'un portant ces mots :

Pas de droits sans devoirs,
Pas de devoirs sans droits!

l'autre portant ces mots :

Aimez-vous les uns les autres!

marchant, unis ensemble, au devant des bombes
versaillaises, déchirés et foulés ensemble par la
réaction victorieuse.

XVI

LA DERNIÈRE SÉANCE DE LA COMMUNE.

RÉSUMÉ.

Le dimanche, 21 mai, la Commune tint sa dernière séance. Elle s'était réunie, ce jour-là, pour juger le général Cluseret, arrêté depuis longtemps, et qui avait enfin obtenu d'être mis en face des accusations portées contre lui.

A cette séance, conformément à leur promesse, assistaient tous les membres de la minorité, puisque l'assemblée siégeait à titre de haute Cour de justice pour prononcer sur le sort de l'un de nos collègues.

Quant à moi, au début de la séance, je demandai la parole, et déclarai, tant en mon nom qu'au nom de Gérardin et de Clémence, qu'à la suite du vote de nos électeurs réunis la veille au théâtre Lyrique, et après avoir obtenu d'eux l'approbation de la politique suivie par nous jusqu'à ce jour, nous revenions tous les trois désormais prendre part aux délibérations de l'assemblée.

Le général Cluseret fut introduit.

Inutile de dire que les accusations portées contre lui ne tinrent pas devant un examen de quelques minutes, et qu'il lui fut facile de les réfuter toutes, l'une après l'autre, ce qu'il fit, d'ailleurs, avec beaucoup de modération et de dignité, sans amertume apparente, se contentant de prouver que les opérations militaires avaient été de mal en pis, depuis son arrestation, ce qui malheureusement n'était que trop vrai.

En ce moment même, il était environ quatre heures, le citoyen Billioray, membre du *Comité de salut public,* entra dans la salle, et demanda la parole d'urgence pour une communication.

Alors il lut une dépêche de l'héroïque Dombrowski, annonçant que les Versaillais venaient d'entrer dans Paris, en passant par la brèche de la porte de Saint-Cloud, et qu'il allait se replier sur la seconde ligne de défense.

A la suite de cette lecture, il régna un silence profond dans l'assemblée.

Pas un mot, pas un mouvement, pas même un murmure.

Vallès, qui présidait ce jour-là, et qui a naturellement l'instinct du grand, laissa s'écouler environ une minute, puis tranquillement, comme si rien n'était survenu, prononça ces paroles, d'une voix calme, avec un geste plein de dignité :

— Le Comité de salut public n'a pas d'autre communication à nous faire? — Alors la parole est au citoyen *** qui l'a demandée.

Tout cela se passa avec tant de rapidité et de simplicité, qu'un de nos collègues, assis à côté de moi, et qui s'était endormi, accablé par la fatigue de plusieurs nuits sans sommeil, ne se réveilla point, et n'apprit l'entrée des Versaillais que par moi, lorsque nous sortions de la séance.

La Commune ne devait plus se réunir, mais, grâce à la présence d'esprit de Vallès, à l'accent qu'il mit dans les paroles que je viens de rapporter, la Commune reçut impassible en apparence et fière, avec une nuance de dédain, l'annonce du désastre qui l'atteignait (1).

C'était fini. — Elle avait vécu!

Dans les jours qui suivirent, elle n'exerça plus d'action en tant que pouvoir politique. La parole revint au peuple seul et aux quelques individualités qui surnagent par leur propre vigueur au milieu des tempêtes les plus effroyables. Les membres de l'assemblée, dispersés, courant d'une barricade à l'autre, ou faits prisonniers, ou coupés par les troupes versaillaises, ne comptèrent plus que par leurs actes personnels, tant que les circonstances leur permirent une action quelconque.

On peut donc affirmer que la Commune n'eut plus aucune existence, en tant que groupe solidaire et agissant avec ensemble, à partir du dimanche soir, 21 mai.

C'est donc l'instant de jeter un dernier regard en arrière, et de résumer en quelques mots l'action générale et le rôle de cette première assemblée représentative de la Révolution sociale.

La Commune, ainsi que je l'ai dit en plusieurs endroits, commit plus d'une faute grave. J'en ai signalé un certain nombre au fur et à mesure des événements. Je n'y reviendrai donc pas. — Elle manqua surtout, prise dans son ensemble, du véritable esprit politique. J'ai dit également pourquoi.

J'ai dit comment, grâce à un certain nombre

(1) Grâce à l'institution du Comité de salut public, l'Assemblée crût n'avoir pas autre chose à faire dans la circonstance. C'était au Comité *nommé pour parer à de semblables périls et muni de pouvoirs absolus*, d'agir, ou de nous demander les mesures qu'il croyait nécessaires. Il se déclarait en mesure de remplir sa mission. L'Assemblée eut le tort grave de s'en fier à son affirmation. En agissant ainsi, la majorité fut, d'ailleurs, logique avec ses propres principes et sa propre politique.

de choix précipités, sans doute inévitables en de semblables circonstances, elle avait, dès le début, dévié du chemin qu'elle n'aurait jamais dû quitter, et cherché le salut trop souvent dans des réminiscences historiques qui ne pouvaient rien pour la sauver, mais qui pouvaient beaucoup pour la perdre.

J'ai fait connaître, avec toute l'impartialité dont je suis capable, les différences qui séparaient la minorité de la majorité, dans quel ordre d'idées elles prenaient leur source, et comment la minorité, n'ayant jamais pu, une seule fois, faire triompher ses idées, resta fidèle néanmoins à cette Révolution qu'elle servit jusqu'au bout, tout en déplorant la plupart des moyens impuissants ou dangereux employés pour amener sa victoire.

Je n'ai point davantage dissimulé les difficultés réellement extraordinaires au milieu desquelles elle se débattait, et qui rendaient sa chute momentanée, au point de vue matériel, peut-être inévitable, alors même qu'elle n'eût pas commis une seule faute, — ce qui était d'ailleurs impossible.

Maintenant, il me reste, sans entrer dans le détail, à dégager l'ensemble de son action, ce quelque chose d'insaisissable et de positif, cependant, qui plane au-dessus des personnes et de leurs erreurs, et s'affirme de mieux en mieux à mesure qu'on s'éloigne des événements. — C'est là, après tout, ce qui mérite seul de rester, car c'est là que réside la vérité.

J'oublie les hommes. Ils n'existent plus. — J'ignore s'il y a eu une minorité et une majorité. — J'évoque la Commune, être moral, être politique, personnification d'un grand mouvement

populaire, je regarde ce qu'elle a fait, ce qu'elle a
voulu, la trace qu'elle a laissée derrière elle, dé-
livrée enfin du nuage de poussière soulevé par la
lutte, — et voilà ce que je vois.

La Commune a aimé le peuple d'un amour
profond, absolu, sans mélange. Elle lui a ap-
partenu de cœur et de fait toute entière, sans
restriction, sans arrière-pensée. Elle a fait corps
avec lui, ne pensant qu'à lui, ayant brisé résolument avec l'ancien monde, ayant toujours devant
elle la vision exclusive, — sinon toujours assez
nette, — d'une société nouvelle, où aucun des
priviléges respectés, aucune des iniquités sacrées
de l'organisation actuelle ne devait subsister.

De ce côté, son idéal a toujours été très pur,
très vigoureux, et si elle n'a pas su toujours
mettre ses actes d'accord avec ses intentions, si
elle n'a pas su toujours créer la vraie politique sociale, au service de la Révolution sociale, si elle
est parfois retombée dans les vieux errements de
la politique bourgeoise, autocratique, si, ennemie
du pouvoir et de la centralisation, elle a parfois
sacrifié aux entraînements du pouvoir et emprunté
à ce qu'elle venait détruire les moyens d'édification de l'avenir, — cela tint bien moins à des
calculs mesquins, ou même à des hésitations sur
les grands principes absolus de la vérité révolutionnaire et moderne, qu'à de l'inexpérience pro-
duisant de faux raisonnements, et surtout à des
habitudes invétérées d'esprit.

N'oublions, en effet, jamais, que les hommes
qui rêvent la société future, qui tentent d'en jeter
les bases, sont nés, ont été élevés dans la société
actuelle, que ses traditions, ses exemples, son
éducation, ont poussé dans chacun de nous des
racines difficiles à couper entièrement.

N'oublions pas que, dans chacun de nous, il y
a deux hommes, — dont l'un, homme d'hier,
résume de longues générations qui lui ont légué
avec son sang mille prédispositions, ont donné à
son cerveau mille tournures d'esprit, contre lesquelles il doit lutter avec une énergie incessante,
s'il ne veut voir la portion originale de ses propres
conceptions submergée, annihilée par la portion
qu'il a héritée de ses ancêtres, de sa race, du
milieu où il a dû se développer.

A l'heure présente, chacun de nous a le double
visage de Janus, — l'un qui regarde le passé,
l'autre qui regarde l'avenir, — et souvent il arrive
qu'en regardant l'avenir, nous continuons de
marcher vers le passé, sans nous apercevoir de
l'erreur, méconnaissant dans nos actes, de bonne
foi, l'idéal que nous entrevoyons et auquel nous
croyons toucher.

Cependant, au milieu de ces tiraillements inévitables, la Commune, en somme, a proclamé et
mis en pratique quelques-uns des grands principes qui peuvent seuls sauver les peuples modernes, et nous arracher définitivement à l'ornière
du passé.

Ainsi que je l'ai dit, la Commune aima le
peuple avec conviction. C'est même la seule
assemblée au monde peut-être, où, jamais, chez
aucun de ses membres, il ne se soit élevé un
sentiment de défiance et de crainte envers le
peuple, où il ne vint jamais à l'esprit d'aucun de
le repousser, de le surveiller, de l'entraver, où
toute proposition, par cela seul qu'elle se pré-
sentait comme bien vue par le peuple, dans ses
désirs, dans sa volonté, était écoutée avec re-
cueillement, adoptée avec faveur, où l'on s'in-
formait sans cesse de ce qu'il disait, de ce qu'il

pensait, de ce qu'il réclamait, où nul, même pour une seconde, ne se crût jamais au-dessus de ses électeurs, libéré envers eux, ou possédant un pouvoir, un droit qui ne vînt d'eux, qui ne fut l'application de leur pouvoir, le triomphe de leur droit, où pas un représentant du peuple n'oublia qu'il sortait du peuple, qu'il y rentrerait, qu'il était la chair de sa chair, le sang de son sang, où tous s'en firent un titre de gloire, comme un devoir absolu.

Cela ne donnait pas à tous le sens politique, ni la conception nette de ce qu'il y avait de mieux à faire dans une circonstance donnée, mais cela seul était déjà une grande, une très grande Révolution, quelque chose de nouveau sur la sène historique.

Ce n'est pas sur ces points là que nous différions. Il n'y avait à la Commune ni bourgeois, ni ouvriers, — il y avait des mandataires du peuple, qui n'existaient et ne voulaient exister que par le peuple.

C'était l'application du mandat impératif, la réalisation digne et complète du grand principe de la subordination du législateur au citoyen, de la subordination du pouvoir à la collectivité, c'était la transformation de l'Etat, devenu simple organe d'action au service du peuple, chargé de veiller au respect de ses vœux, à la satisfaction de ses besoins, à l'exécution de ses volontés.

D'autre part, la Commune de Paris ne s'érigea jamais en gouvernement. Maîtresse de Paris, elle ne songea pas à gouverner la France, et, victorieuse, elle n'eût élevé aucune prétention à cet égard. Elle y eût eu pourtant autant de droits que n'importe lequel de ces pouvoirs révolutionnaires qui, depuis quatre-vingts ans, une fois

installés à l'hôtel de ville, s'arrogèrent sans con-
testation la direction de la France entière.

Si beaucoup de ses membres étaient inconnus
et méritaient de l'être, un grand nombre d'eux
avaient une réputation et une notoriété plus que
suffisantes, et l'on peut se demander si même à
ce point de vue étroit, des hommes tels que Delescluze, Félix Pyat, Gambon, Tridon, Lefrançais, Jules Vallès, d'autres encore, tous, sauf les
deux derniers, députés élus de la nation peu de
jours auparavant, ne valaient pas les Jules Favre,
les Jules Simon et les Picard qui, six mois plus tôt,
s'étaient emparés du pouvoir, et avaient expédié
en province, pour organiser la République et la
défense nationale, des vieillards grotesques
comme Glais-Bizoin, ou des médiocrités réac-
tionnaires comme l'amiral Fourichon.

La Commune pourtant, fidèle à son origine, à
son principe, ne cessa jamais de crier à la France :

« Sois libre ! Imite-nous ! Agis comme nous !
Comme nous, brise avec le passé, avec l'ornière
des Pouvoirs forts et centralisateurs. Reprends,
sans intermédiaire, la direction de toi-même. Nous
n'étendons pas la main sur toi : nous te deman-
dons seulement de combattre à nos côtés, pour
toi-même, contre l'ennemi commun ! »

C'était là, certes, un exemple nouveau dans
l'histoire de la Révolution française, qui n'avait
point de précédent, — mais qui aura des imitateurs. C'était juste le contraire de ce qui s'était
toujours passé, et cela marque une étape en
avant dans les évolutions successives du concept
humain.

En dehors de cela, la Commune porta une
main résolue sur deux des colonnes du vieil édifice : — *l'armée* et le *clergé*.

Elle proclama, elle décréta l'abolition pure et simple des armées permanentes, la séparation absolue de l'Etat et de l'Eglise qui ne doit plus exister comme organisation officielle, mais servir seulement à la satisfaction privée de la foi indivi-duelle, aux risques et périls de l'individu.

La Commune affirma donc le principe de l'abo-lition de l'armée permanente remplacée par la nation en armes, et confia sans réticence la garde de la Cité et la défense du sol national aux seuls citoyens sans distinction, sans exclusion, — de même qu'elle dit à la religion représentée par les diverses Eglises :

— L'Etat ne te connaît point. La foi est affaire de conscience. Arrange-toi avec les consciences, mais n'encombre plus la société.

La Commune, ainsi que je l'ai indiqué ailleurs, ne sut pas procéder avec la même vigueur vis-à-vis de la magistrature et de la police. Mais cet oubli ne tint pas, en réalité, à des hésitations sur les vrais principes. Des raisons d'opportunité, sur-tout eu égard à la police, quelques influences personnelles, d'autres et nombreuses préoccupa-tions, empêchèrent qu'elle se prononçât sur ces deux questions dont la première eût, sans doute, réuni l'unanimité des voix. — C'est une lacune regrettable.

La Commune arbora résolument le drapeau socialiste, et fut le premier Pouvoir régulièrement constitué, fonctionnant avec quelque suite, qui s'appuya sans réticence sur les principes socia-listes, en déclarant que l'œuvre qu'elle venait accomplir était, non-seulement une œuvre de liberté politique, mais surtout et avant tout une œuvre de rénovation sociale. A cet égard, égale-ment, elle marque une étape nouvelle, et nouvelle

en ceci particulièrement que, loin d'assumer la
tâche d'organiser *autoritairement* l'égalité civile
et de *décréter* la Révolution sociale, elle sut généralement rester dans la vérité, en appelant les
classes travailleuses à régler elles-mêmes, directement, leurs intérêts, à élaborer, sous leur propre
responsabilité, la question des rapports du travail
et du capital.

Ce n'est point, en effet, je ne saurais trop le
répéter, à un organisme politique quelconque de
régler autocratiquement ces problèmes : — c'est
aux intéressés eux-mêmes. L'administration collective n'a qu'un rôle: — veiller à leur entière liberté
d'action, et faire respecter leur droit. Les travailleurs ne demandent pas autre chose, sachant bien
qu'ils ne seront réellement libres et affranchis que
le jour où leur liberté, leur affranchissement,
sera l'œuvre de leur propre initiative, de leurs
propres efforts.

En ceci diffère essentiellement une Révolution
sociale d'une Révolution *politique,* puisque cette
dernière peut et doit s'accomplir par un certain
nombre de décrets, en quelques jours, tandis que
la seconde, étant affaire de science et de règle-
ments d'intérêts, doit s'accomplir par les intéressés eux-mêmes, seulement protégés par le jeu
des institutions démocratiques nécessaires au
développement de tout progrès humain.

Pour que la Révolution sociale s'accomplisse,
il n'y a qu'à trancher les liens qui la paralysent,
qu'à supprimer les obstacles qui l'arrêtent.

C'est ce que la Commune et le peuple de Paris
comprirent parfaitement, et, de ce côté, ils ont
tous les deux posé une pierre d'attente sur laquelle
tôt ou tard s'élèvera l'édifice définitif.

La Commune se contenta donc de proclamer

l'Autonomie et la *Fédération* des groupes naturels, en les engageant à s'organiser en toute liberté,
au mieux de leurs droits, de leurs intérêts et de
leurs lumières, sachant que là, non ailleurs,
réside le nœud de la Révolution. — C'était la rupture la plus éclatante avec le principe autoritaire
de l'ancienne société, c'était une ouverture absolument neuve sur l'avenir, c'était l'intronisation
d'un principe encore inappliqué, c'était le changement d'axe de la société qui allait cesser de
tourner autour de l'Etat, pour devenir centre et pivot elle-même, — c'était le déplacement du pouvoir
qui passait de l'Etat au peuple, du Gouvernement
à la nation, de quelques privilégiés à l'individu
entré en pleine possession de lui même.

Au point de vue de l'éducation et de l'instruction, base essentielle de toute évolution sérieuse,
la Commune n'eut ni le temps, ni le loisir d'établir
aucun principe. Elle dut se contenter de la suppression immédiate de tout enseignement religieux, — l'enseignement religieux n'étant point,
en effet, un intérêt général ou national, mais une
affaire de conscience individuelle, comme la religion elle-même.

Mais quelqu'en soit l'importance, ce sont là les
détails, les corollaires, et, en soixante-douze jours
de bataille continue, la Commune ne pouvait
guère faire autre chose que poser un principe,
indiquer une ou deux grandes lignes. — Il y avait
évidemment à créer le milieu logique, nécessaire,
de cette grande et profonde Révolution, à mettre
en ses mains chacun des leviers puissants avec
lesquels elle eût sapé, soulevé, renversé l'ancien
monde, pour lui substituer progressivement le
monde nouveau.

Tels sont les faits principaux, sans entrer dans

le détail, qui marquent l'action originale de la Commune, qui deviendront pour longtemps le centre de réunion des esprits, le point de départ des prochaines conquêtes de l'humanité.

Ces quelques faits se dégagent incontestablement de l'ensemble des actes accomplis, des idées émises par la Commune.

C'est là tout ce qui en restera, tout ce qui mérite d'en rester, — et cela suffit.

Qu'un certain nombre des membres de l'Assemblée et des combattants n'ait pas eu la perception nette, la conscience claire de l'œuvre qu'ils accomplissaient, cela n'est pas douteux, et il en est toujours ainsi en pareil cas. Le maçon qui pose les premières pierres d'un édifice n'en connaît pas, n'en comprend pas toujours le but et le dessin général. Qu'importe? L'édifice s'élève moëllon par moëllon, et n'en servira pas moins à la fin pour laquelle il a été conçu, érigé. A côté des actes, des volontés particulières des individus qui travaillent à une Révolution, il y a l'idée générale de cette Révolution, qui se développe, grandit, plane, rayonne, et c'est cette lumière impersonnelle qui, demain, servira de phare éclatant aux générations successives.

Maintenant, un dernier mot sur l'esprit de la Commune, sur son tempérament, j'entends parler de l'assemblée.

Et d'abord, la Commune a-t-elle désiré, voulu la guerre? — A-t-elle fait ce qu'elle pouvait pour l'éviter? — Pouvait-elle l'éviter?

Sur la première question, on peut répondre hardiment, *non!*

Non, la Commune n'a jamais voulu, désiré la guerre civile. — Elle en avait horreur. — Et de même qu'au 18 mars, le peuple attaqué n'avait fait que se défendre, de même, le 2 avril, c'est Versailles qui, pour la seconde fois, commença l'attaque, sans y avoir été provoqué, alors que la Commune, pas plus que le Comité central, n'avait accompli, contre le gouvernement traître et fugitif, un seul acte d'hostilité matérielle.

Pourquoi la Commune, en effet, aurait-elle voulu la guerre civile? Outre qu'elle était composée des hommes qui, sous le premier siége, avaient lutté avec le plus d'énergie contre l'invasion étrangère, qui avaient soufflé le feu de leur colère patriotique à Paris entier, et qu'il ne pouvait leur convenir de donner, à l'étranger vainqueur, le spectacle de nos dissensions intestines; outre que, ces bons Français, qui composaient la Commune, ne pouvaient désirer que la France affaiblie, meurtrie, sanglante, achevât de se déchirer de ses propres mains, la Commune n'avait aucun intérêt à faire la guerre, à remettre au sort des armes, de la force brutale du nombre, le salut d'une Révolution qui n'avait qu'à durer, qu'à vivre, pour triompher.

Aucun des membres intelligents de l'assemblée, d'ailleurs, ne se faisait illusion sur la solution finale, au cas où l'on aurait recours à l'argument du canon. Ils comprenaient tous combien, enfermés dans une ville isolée, bloqués entre deux armées, coupés de toute communication avec le reste de la France, notre position était mauvaise, désavantageuse. Ils savaient de plus que le peuple de Paris venait de supporter cinq mois d'un siége cruel, qu'il était épuisé par les privations, et ils avaient une pitié profonde de ce peuple qui ne sent plus sa fatigue, dès qu'une grande idée réclame son dévouement.

Le moment était passé de lutter avec avantage contre Versailles. Cela n'avait été possible que pendant les premiers jours du Comité Central, et tout était changé depuis.

Donc, au point de vue patriotique et au point de vue humain, comme au point de vue politique et pratique, nul, à la Commune, ne pouvait désirer et ne désirait la guerre.

La Commune pouvait-elle éviter cette guerre?

L'éviter, cela était impossible, suivant toute vraisemblance. Du moment où Thiers avait pu réunir une armée, il était évident qu'il la lancerait contre le peuple, y trouvant la double jouissance d'égorger des prolétaires et de jouer au général, les deux rêves de sa vie, après le rêve du pouvoir.

Quant à la réaction, cachée à Versailles, loin du danger, il était évident qu'elle serait sans scrupule comme sans entrailles, et que l'idée de décimer la population, d'affaiblir la patrie, ne pouvait que l'exciter davantage puisque, dans le sang versé à flots de la France expirante, elle comptait ramasser un trône pour quelque prétendant. De ce côté donc rien à espérer. La guerre était résolue. Elle devait avoir lieu. — La province seule pouvait l'empêcher d'un vigoureux effort, mais la province, étranglée par la centralisation, paralysée par l'unitarisme, est et sera, tant que durera ce système, incapable de tout effort sérieux qui demande un peu d'ensemble et d'initiative.

Cependant, quoique tout effort eût été vain, la Commune aurait pu marquer d'une façon plus éclatante, peut-être, son horreur réelle de la guerre civile, son désir de ne pas provoquer l'effusion du sang. Elle aurait pu le dire, le proclamer à haute et intelligible voix, de façon à ce que ses ennemis ne pussent la calomnier plus tard à cet égard.

Lorsqu'elle fut attaquée, le 2 avril, dans une très-belle proclamation, elle constata d'où venait l'agression. Pendant toute la durée de la lutte, elle ne s'opposa jamais aux démarches que tentèrent autour d'elle divers conciliateurs, leur laissant pleine et entière liberté d'action, alors que M. Dufaure les insultait, les appelait *complices* des scélérats, et ne dissimulait pas qu'il les eût fait fusiller avec joie. Lorsque les francs-maçons voulurent essayer un dernier effort, en faveur de la suspension du carnage, elle ne s'y opposa point, et les accompagna même jusqu'à l'enceinte.

En un mot, tout en s'interdisant les démarches qui eussent compromis sa dignité, tout en tenant haut et ferme le drapeau que lui avait confié le peuple, drapeau qui pouvait tomber brisé, haché, dans le sang du peuple, mais qui ne pouvait s'incliner devant les assassins, s'abaisser devant les ennemis de la Révolution, elle montra clairement qu'elle n'avait pas soif de la bataille, et qu'elle ne cherchait point à la faire inévitable.

A cet égard, je crois que la Commune, pendant la lutte sanglante, eût une tenue parfaite, prouvant son inflexible résolution, de ne point ployer le genou, de ne jamais demander grâce, et, d'autre part, laissant agir quiconque, en dehors d'elle et des combattants à son service, voulait tenter des démarches que le respect de l'humanité ne permettait point d'interdire.— Elle marquait ainsi que le sang versé, devait retomber sur la tête seule des agresseurs, des misérables qui méconnaissaient non-seulement le droit des gens, mais encore faisaient litière des cadavres de leurs concitoyens.

Ce n'est donc que pendant les cinq ou six jours qui suivirent sa nomination, qu'elle pouvait, sans faire aucune démarche de caractère avilissant, conquérir, avec un peu d'habileté, une grande position morale, et se placer sur un terrain qui aurait mis Versailles dans une situation fausse, en le forçant à se démasquer, à dire hautement qu'il voulait la guerre civile, rien d'autre qu'un triomphe sanguinaire de la force brutale.

En effet, à ce moment, la situation de la Commune était admirable. Ce n'était pas elle qui avait fait le mouvement insurrectionnel du 18 mars. Elle n'avait rien de commun avec le Comité central. Elle était née d'une élection imposante, régulière, sur une convocation, ne l'oublions jamais, signée des maires *légaux*, des députés *légaux* de Paris, — sans que Versailles eût frappé, pour cette convocation, ni ces maires, ni ces députés.

Si elle avait su s'emparer, dès la première heure, de cette position exceptionnelle, s'y camper résolûment et en tirer tout le parti possible, elle eut à coup sûr fort embarrassé M. Thiers et ses accolytes de la gauche.

Qu'eût-il fallu faire pour cela? Inutile de le dire aujourd'hui, après coup. Si l'on n'a pas agi ainsi, cela a tenu, d'ailleurs, à beaucoup de causes trop longues à énumérer ici. Puis il faudrait, ce que je ne veux pas, mettre en jeu des responsabilités personnelles.

Quoiqu'il en soit, si la Commune a manqué à cet instant d'une certaine habileté qui ne manque jamais aux vieux gouvernements corrompus, il n'en reste pas moins acquis à l'histoire, qu'elle s'est seulement *défendue*, et qu'elle n'a pas fait autre chose, sans demander grâce, ni s'abaisser.

Cependant, à peine eût-elle succombé, que ce fut un cri général d'horreur contre les atrocités qu'elle avait commises. Jamais il n'y eût calomnie plus impudente, mensonge plus immonde, et l'on ne sait ce qui doit le plus stupéfier de l'audace des menteurs, ou de la crédulité stupide du public européen.

En effet, en arrivant en exil, chacun de nous a pu constater qu'on regardait les *Communards* comme des espèces de bêtes fauves gorgées de sang humain, comme des forcenés pour qui l'assassinat, le vol et l'incendie étaient des passe-temps ordinaires, et cela à l'heure où Paris voyait dans ses rues les cadavres étalés de trente mille gardes nationaux, à l'heure où les Versaillais fusillaient les femmes et les enfants, à l'heure où la Seine était rouge du sang des Communalistes, à l'heure où les prisons, les casernes, les pontons étaient trop petits pour contenir le bétail qu'on leur confiait avant l'abattoir !

C'est à cette heure même que l'indignation se tournait contre les victimes, que la foule, affolée par tant d'horreurs, applaudissait les bourreaux, insultait aux suppliciés.

C'était Tropmann qui criait au meurtre, et c'était Tropmann qu'on plaignait !

Le sentiment public a changé en France et en Europe, mais cette aberration n'en est pas moins un de ces phénomènes fréquents qui sont la honte de l'espèce humaine.

Cependant les faits étaient là patents. — Ils s'étaient passés sous les yeux de l'univers.— Or les faits, les voici :

Pendant deux mois, la Commune a exercé le pouvoir, du 28 mars au 21 mai. — Pendant ces

deux mois, elle a été en guerre avec un ennemi
implacable, féroce, qui fusillait les prisonniers,
qui insultait chaque jour Paris, un ennemi duquel la Commune savait qu'elle n'avait ni grâce,
ni merci, ni pitié à attendre. — Eh ! bien, pendant ces deux mois de pleine Révolution, à
laquelle ne manquaient ni les provocations, ni
les prétextes les plus légitimes, *la Commune n'a
pas fait tomber une tête, n'a pas fait couler une
goutte de sang.*

Ici, je ne juge plus. Je n'approuve, ni ne
blâme. L'histoire impartiale en main, je constate
des faits, sans aucun parti-pris ni pour ni
contre.

Pendant ces deux mois, je le répète, la Commune n'a pas ordonné une seule exécution capitale. Elle avait pourtant entre les mains un
instrument terrible : — la loi des ôtages, et si
les ôtages sérieux lui manquaient, elle faisait aux
avant-postes assez de prisonniers pour leur appliquer la loi du talion, si elle avait voulu. — Elle
n'avait aussi qu'à fouiller les maisons de Paris
pour y trouver également des adversaires irré-
conciliables, et plus d'un était dans ses prisons.

Elle ne l'a pas fait, — pas une seule fois !

Non-seulement elle ne l'a pas fait, mais encore,
comme témoin présent à tous les actes, à toutes
les séances, je dois déclarer, — ce qui m'a d'ailleurs vivement frappé sur le moment même, —
que je n'ai jamais vu une réunion d'hommes
ayant une telle horreur instinctive ou raisonnée
du sang versé, une plus insurmontable antipathie
contre la peine de mort.

Je puis en donner plusieurs preuves.

Il en est une que je retrace avec d'autant plus
de complaisance qu'elle est restée inconnue,

n'ayant eu d'autres témoins que les acteurs qui ont, sans doute, oublié cette scène, et dont le principal est mort aujourd'hui.

C'était sous la première Commission exécutive, avant le Comité de Salut Public. Quoique je n'en fisse point partie officielle, je prenais part à la plupart de ses travaux et de ses discussions.

Un jour, nous étions réunis, Delescluze, Félix Pyat et deux autres membres dont je ne me rappelle plus les noms avec certitude, lorsqu'on vînt prévenir la Commission que des gardes nationaux, descendant des avant-postes, demandaient à lui parler. Nous passâmes dans la pièce à côté, où se trouvaient, en effet, quatre gardes nationaux, trois d'un certain âge, un tout jeune ; il pouvait avoir de seize à dix-huit ans.

C'était un beau garçon, figure énergique et expressive, teint pâle, yeux noirs et brillants, traits accentués.

Ces quatre citoyens avaient leurs chassepots tout souillés de la fumée du combat, de même que leur visage, leurs mains et leurs vêtements.

Le plus jeune prit la parole avec une grande exaltation. Il venait, avec ses compagnons, de la porte de Saint-Cloud, où avait eu lieu un vif engagement dans lequel ils avaient fait prisonnier un officier de gendarmerie. Ils avaient voulu le fusiller, séance tenante, mais l'officier fédéré qui commandait s'y était opposé.

— Citoyens, continua-t-il, en s'adressant à Delescluze, nous venons vous demander la mort de cet homme. Il faut qu'il meure. Tous les jours, on nous égorge, on nous assassine froidement. Tous les jours, nos amis tombent à nos côtés. Hier, les gendarmes ont massacré, sous mes

yeux, mon frère blessé. Il nous faut une vengeance, il nous faut la vie de ce misérable. Si
nous devons recevoir la mort sans la donner,
nous ne nous battrons plus! Je briserai mon
fusil! Oui, nous voulons bien mourir, nous voulons bien ne pas compter notre sang, mais il
nous faut la punition des scélérats, il nous faut
la vengeance!

Tout cela était dit avec une sorte d'éloquence
farouche, avec un accent d'énergie et de douleur
que rien ne peut rendre. De grosses larmes qu'il
n'essuyait pas, mais qu'il rejetait plutôt d'un
mouvement brusque avec le dos de sa main,
comme s'il était honteux de sa faiblesse, cou-
laient le long de ses joues pâles creusées par la
fatigue, pendant que le feu de la passion brûlait
dans ses yeux et que tout son corps tremblait
sous le choc d'une tempête intérieure. — A certains moments, en parlant de son frère assassiné
la veille, sa voix s'arrêtait dans sa gorge dessé-
chée, puis repartait tout à coup avec des éclats
stridents.

Cela était poignant.

Tous nous comprenions ce qu'il éprouvait, et
nous gardions le silence, ne sachant que répondre
à cette douleur vraie, à cette passion sur laquelle
on sentait que la raison serait sans prise. — Ses
compagnons, l'air sombre et résolu, l'approuvaient par quelques exclamations ou monosyl-
labes menaçants.

Delescluze n'hésita pas. Il essaya d'arracher
à la mort ce gendarme prisonnier. Il parla, lui
aussi, avec passion, avec éloquence, disant à ces
hommes :

— N'imitons pas nos ennemis, n'égorgeons
pas des prisonniers désarmés! Ne vous faites

pas justice à vous-mêmes, comptez que la Commune ne permettra pas qu'on vous assassine sans punir les assassins. Mais il faut que cet homme soit jugé. Ni moi, ni mes collègues, nous ne donnerons ainsi cet ordre de mort!

Le jeune fédéré répondait aussi avec sa logique impitoyable.

Delescluze lui prit les mains, l'appela mon enfant, et s'animant, ému à son tour par cette passion, cette douleur, ce mélange d'héroïsme et d'exaltation, je vis des larmes remplir les yeux du vieillard refusant à l'adolescent la mort de ce Versaillais qui les eût fusillés tous les deux, plein de joie, avec une forfanterie de caserne, s'il les avait tenus en son pouvoir.

Enfin, Delescluze, appuyé par Félix Pyat, si je ne me trompe, l'emporta.— Les gardes nationaux retournèrent au combat, et l'officier ne fut pas fusillé.

Cette scène m'a laissé une impression ineffaçable, et j'ai tenu à la rapporter parce qu'elle achève le portrait moral de Delescluze, cet homme antique, ce vétéran des luttes révolutionnaires que personne n'oserait taxer de faiblesse, de sentimentalité ou de modérantisme, et que, rapprochée de la fermeté de sa mort stoïque, elle peint tout entier le type de l'un de ces Communards pour lesquels tous les supplices paraissaient trop doux aux yeux de la réaction.

Malgré des discours imprudents et des phrases d'un caractère tout différent échappées à l'improvisation de quelques orateurs, comme je l'ai dit, la Commune en masse avait horreur du sang versé et exécrait la peine de mort.

Le délégué à la guerre avait réclamé l'organisation de conseils de guerre dans la garde natio-

nale, institution pénible, mais nécessaire pour
réprimer les actes d'indiscipline et les trahisons.
Cluseret avait donc élaboré et soumis à la discussion de l'assemblée un projet de décret donnant la constitution et la pénalité de ces tribunaux
extraordinaires. — Comme de juste, la peine de
mort s'y trouvait mentionnée, et cette mention
faillit faire repousser le projet. — De tous les
bancs de la Commune se manifestèrent des répu-
gnances très-vives à ce sujet. Il fallut invoquer
les dangers épouvantables qui nous entouraient,
la nécessité suprême d'assurer la discipline et de
frapper les traîtres, si nous ne voulions être
vaincus, pour arracher un vote favorable.

Encore l'assemblée ne consentit-elle à ce vote
qu'en introduisant, dans l'article en question, un
amendement portant qu'aucune exécution ne
pourrait avoir lieu qu'après avoir été soumise à
une Commission de membres de la Commune
chargés de réviser le jugement et de soumettre
leur rapport à l'assemblée qui déciderait en dernier ressort.

On avouera que ces scrupules, en pleine tempête, au milieu d'une guerre atroce, alors que
l'on comptait déjà sur nos bancs des vides faits
par les pelotons d'exécution de Versailles, sont
caractéristiques. Ils furent poussés si loin que la
cour martiale, présidée par Rossel, ayant pro-
noncé une condamnation à mort contre un officier de la garde nationale, le jugement fut cassé,
et la cour martiale, autant que je puis me le rappeler, dissoute ou remaniée.

Encore une fois, je ne fais ici ni une apothéose,
ni une critique. J'enregistre des faits matériels;
j'essaye de dégager le véritable esprit de cette
assemblée, celui qui domine au-dessus des pa-

roles ou des professions de foi de quelques-uns de
ses membres, et qui en donne la caractéristique
générale.

Cette caractéristique peut se résumer ainsi :
— violence dans le langage, modération dans les
actes !

C'était bien, d'ailleurs, l'image de Paris lui-
même !

Quand il fallut organiser les conseils de guerre
dans chaque arrondissement par voie élective,
car la Commune ne fit jamais de nominations,
sauf pour les emplois inférieurs et purement
civils, et eut toujours recours au suffrage des
intéressés, les mêmes sentiments se firent jour
parmi les gardes nationaux. — Je constatai alors
qu'un grand nombre des candidats désignés par
les gardes refusèrent le mandat, en déclarant
qu'ennemis de la peine de mort, ils ne pourraient
jamais se décider à l'appliquer. — D'autres, au
contraire, refusèrent en s'appuyant sur ce motif
qu'ils étaient trop exaltés pour pouvoir répondre
de leur impartialité, et qu'ils apporteraient trop
de passion dans leurs jugements pour pouvoir
accepter la mission de juges (1).

Tel était le peuple, telle était cette armée de
la Commune !

Comme l'assemblée qui le représentait, deux
sentiments luttaient dans le peuple : — la colère
et l'amour de l'humanité. Sous l'empire de la
passion, en face d'une lutte sauvage, il se laissait aller parfois à des menaces terribles, mais,
au fond, il appartenait à demain plus qu'à hier,
et, quand il s'agissait de passer des paroles aux

---

(1) Tout ceci est *textuel*. Comme président des réunions où l'on
nomma le conseil de guerre de la quatrième légion, je l'ai entendu de
mes oreilles.

actes, de toucher à la hache du bourreau, cette hache lui inspirait du dégoût et de l'horreur.

Son propre sang fut donc le seul qu'il versa sans pitié, qu'il vit couler sans faiblesse. Il ne savait, il ne pouvait être que héros.

Il y eut pourtant dans Paris, vers la fin, des hommes qui firent fusiller l'archevêque de Paris, des sergents de ville, des gendarmes, des prêtres. Il y eut des hommes qui mirent le feu aux finances, à la préfecture de police, qui transformèrent la capitale en un véritable charnier, où des êtres sans défense, à la lueur des incendies, recevaient la mort, non du combattant qui succombe dans la bataille, mais du mouton qu'on égorge à l'abattoir.

Ces hommes sont les Versaillais ! Ils portent sept cents noms, et M. Thiers était à leur tête !

Ce sont eux qui ont tué Chaudey, qui ont tué l'archevêque, brûlé Paris.

Sur eux, sur eux seuls, doit retomber la responsabilité de ces soixante-quatre cadavres ajoutés aux trente mille qui jonchaient les rues, emplissaient les carrefours, se dressaient comme des murailles le long des boulevards !

Il n'y a jamais eu de *pétroleuses,* mais s'il y en avait eu, ce seraient eux également qui auraient versé le pétrole dans leurs bidons fantastiques, et conduit leur main incendiaire.

Le véritable criminel n'est-il pas celui qui rend le crime inévitable ?

Le véritable assassin n'est-il pas celui qui met le poignard dans la main de l'homme qu'il a rendu fou de colère ou de désespoir?

Comment, vous enfermez un peuple dans l'enceinte d'une ville close, où toutes les issues sont

bouchées par deux armées, l'allemande, votre
alliée, et... l'autre!

A ce peuple ainsi acculé, vous dites :

— « Quoique tu fasses, tu vas périr! Si l'on te
prend les armes à la main, — *la mort!* Si tu
déposes les armes, — *la mort!* Si tu frappes, —
la mort! Si tu implores, — *la mort!* De quelque
côté que tu tournes les yeux : à droite, à gauche,
devant, derrière, en haut, en bas, — *la mort!*
Tu es non-seulement hors de la loi, mais hors de
l'humanité. Ni l'âge, ni le sexe, ne sauraient te
sauver, ni toi, ni les tiens. Tu vas mourir, mais
avant tu savoureras l'agonie de ta femme, de ta
sœur, de ta mère, de tes filles, de tes fils, même
au berceau! On ira, sous tes yeux, prendre le
blessé dans l'ambulance pour le hacher à coups
de sabre-baïonnette, pour l'assommer à coups de
crosse de fusil. On le tirera, vivant, par sa jambe
brisée, ou son bras saignant, et on le jettera dans
le ruisseau, comme un paquet d'ordures qui hurle
et qui souffre (1).

La mort! La mort! La mort!

Le Prussien qui fusillait nos francs-tireurs, qui
faisait à la France une guerre de race et de conquête, qui se vantait de la tuer, de l'avilir, de la
supprimer du rang des nations, on le respectait.
Prisonnier, on le nourrissait, plein d'égards.
Blessé, on le soignait tendrement. Il n'en voulait
qu'à la France! Il ne représentait que la force
brutale au service des haines et des ambitions

---

(1) Un exemple entre mille, raconté par un témoin oculaire, le
chirurgien d'un hospice. Au moment où les Versaillais entrèrent dans
l'hôpital, il achevait le pansement d'une cantinière de dix-huit ans, à
qui on venait de couper le bras. L'officier versaillais laissa terminer
le pansement, puis il fit descendre la jeune fille dans la cour, où on la
fusilla sous ses yeux! — Il y avait du *marquis de Sade* chez les
sauveurs de la société et de la famille.

dynastiques. Salut au Prussien. Chapeau bas
devant cet ennemi! Trochu et Thiers sont heureux et fiers, après le combat, de serrer sa main
rouge du sang français (1).

« Mais toi, citoyen français, ouvrier ou bourgeois, soulevé pour le triomphe du droit et de la
justice, toi qui défendais le national hier, toi qui
défends la Révolution aujourd'hui, toi qui t'es
soulevé parce qu'on t'attaquait, pour affirmer la
fraternité, la solidarité, toi qui rêves le bonheur
de la France et du genre humain, toi qui veux
fonder la grandeur de la patrie sur les principes
qui seront le salut de l'univers, toi, maudit, tu
fais horreur! Le droit des gens n'existe pas pour
toi. Ta main dégoûte, et si elle se tendait pour
demander grâce, on l'abattrait, en te crachant au
visage! — Meurs, rebelle! Meurs, toi, ta femelle
et tes petits!

La mort! La mort! La mort!

Et quand on traite ainsi un peuple, quand ce
peuple frappé, atteint, tenaillé, torturé à la fois
dans tous les sentiments de l'homme, comme
patriote et comme citoyen, comme républicain et
comme socialiste, comme père, comme fils,
comme mari, comme frère, quand ce peuple,
debout devant sa tombe ouverte, sachant qu'il
devra, quoi qu'il fasse, la combler de son cadavre, quand ce peuple qui voit tout s'effondrer
autour de lui, en lui, comprenant qu'il n'a plus
rien à perdre, qu'il ne lui reste plus qu'à mourir,

(1) Il va sans dire que je n'entends pas ici attaquer le *peuple allemand*, victime, lui aussi, de son gouvernement et des ambitions de ses
maîtres. Il s'agit de la *politique bismarkienne*, et non de l'Allemagne
que j'aime et que j'estime à l'égal de toutes les autres nations.

songe à venger sa mort, et frappe quelques
ôtages, brûle les Tuileries et le grenier d'abon-
dance pour prolonger d'une heure son effroyable
agonie, vous osez dire que c'est lui qui tue, que
c'est lui qui incendie !

Vous mentez ! — L'assassin, c'est vous ! —
C'est vous, l'incendiaire !

Si vous n'aviez pas espéré, calculé, voulu,
combiné ces répresailles, si maigres qu'elles
aient été, jamais elles ne se fussent produites à
ce moment, où, inutiles, elles ne nuisaient qu'à
la Révolution.

Oui, c'est vous, vous seuls, qui les avez vou-
lues !

C'est vous qui avez chargé les fusils, car vous
saviez que ce peuple détenait des ôtages, et il
dépendait de vous de les sauver.

On vous avait offert de vous rendre l'archevêque et vous aviez refusé ! — Pourquoi ? —
Parce que le clergé rêvait, pour remonter ses
actions, de compter une victime qu'il pût transformer en martyr. Or, l'archevêque de Paris,
gallican, mal avec le pape et les jésuites de
Rome, par sa mort vous donnait ce martyr à peu
de frais, puisque vous le détestiez, ne le trouvant
pas assez forcené. — Sa mort, les ultramontains
l'eussent payée à Thiers, car, en frappant un
gallican et un prêtre, elle satisfaisait doublement
l'intérêt et la haine de l'Eglise.

Thiers vous a donc donné ce cadavre sciemment,
par un de ces calculs machiavéliques qui lui faisaient croire à son propre génie, quand ils ne
demandent tout au plus que de la simple scélé-
ratesse.

Vous espériez mieux, sans doute.

Vous espériez que ce peuple, fou de rage,

grisé par une longue bataille, emporté par le désespoir sans nom auquel vous l'aviez réduit, épouvanterait le monde de l'hécatombe des gens auxquels vous ne teniez pas, et dont le massacre vous eût été d'un si grand bénéfice. — Il n'a pas dépendu de vous qu'il n'en fût ainsi, mais du peuple qui, même à ce moment suprême, se détourna des carnages, œuvre de quelques exaltés, poussés peut-être, à leur insu, par vos agents secrets. — Vous ne parvîntes à obtenir que soixante-quatre cadavres, et dans des circonstances telles qu'il est évident qu'on ne saurait en faire remonter la responsabilité ni à la Commune, ni aux chefs du mouvement, ni aux idées qu'ils représentaient.

A cette heure, en effet, pas une assemblée révolutionnaire, quelque sanguinaire qu'on veuille la supposer, n'eût donné un tel ordre, car ces exécutions, nulles pour le salut matériel, venaient seulement à point pour donner un semblant de prétexte, d'excuse, à vos férocités, car vous attendiez avec angoisse ce filet de sang, pour détourner les yeux de la foule hébétée du fleuve sous lequel vous submergiez Paris.

Le massacre des ôtages n'a servi, ne pouvait servir qu'à vous. C'est donc vous, encore une fois, qui l'avez accompli. S'il n'a pas eu de plus vastes proportions, c'est le peuple fusillé, mitraillé, égorgé, qu'il faut en remercier, car, pendant ces huit journées de mai, il n'a pas coulé une seule goutte de sang qui ne doive retomber sur vos têtes, — dont votre main ne soit fumante, — dont votre face ne soit éclaboussée.

Vous avez voulu tuer l'idée révolutionnaire, l'enterrer sous les cadavres de vos victimes, et, de peur que cela ne suffit pas, sous les cadavres de quelques-uns des vôtres, — sacrifiés par vous dans ce dessein digne de vous.

Eh bien! vous vous êtes trompés.

L'idée est intacte, elle s'échappe d'entre les pavés mal joints, elle filtre à travers les chairs décomposées des morts entassés, elle surnage sur la mer de sang où vous comptiez la noyer.

Elle est là debout, qui vous laisse les crimes et parle au monde. — Au-dessus d'elle flotte le large drapeau de l'avenir, dont la poupre, trois fois teinte du plus pur des veines du peuple, brille au soleil levant de la société future.

Quelle est-elle donc cette idée nouvelle?

C'est ce que je vais essayer de dire, et ce sera ma CONCLUSION!

XVII

CONCLUSION.

J'ai déjà indiqué, en plusieurs endroits, les lignes principales de l'*idée communale*, de cette idée originale qui marque une évolution profonde dans la marche de la Révolution universelle, et deviendra le pivot autour duquel tournera désormais la politique européenne, — celle des ennemis pour la combattre, celle des amis pour la faire triompher.

Il me reste donc simplement à l'exposer d'une façon générale et résumée, sans entrer dans les détails qui peuvent se modifier à l'infini, suivant l'heure et le milieu où elle se produira.

En quoi consiste-t-elle essentiellement, en quoi diffère-t-elle de l'ancienne tradition révolutionnaire, quel élément nouveau apporte-t-elle au développement de l'homme et de la société?

Tels sont les seuls points que nous ayons à élucider ici.

Toutes les sociétés modernes vivent sur la conception d'une autorité supérieure à l'homme, et par conséquent en dehors, au-dessus de la collectivité humaine. A l'époque où la religion dominait, maîtresse des esprits et des choses, cela s'appelait le *Droit divin*. L'autorité était investie d'un caractère sacré. L'obéissance était un devoir, le Pouvoir un sacerdoce. Il ne devait de compte qu'à Dieu, dont il était institué.

Cet état de choses dura jusqu'à la Révolution française, qui arracha le droit du ciel pour le remettre à l'homme. A partir de 89, l'Etat ne fut plus le représentant du Droit de Dieu, mais le représentant du Droit humain, de la Société. Le consentement populaire, le consentement universel, présumé ou effectif, devint sa base. Cela s'appela être l'organe de la société, agir et commander en son nom, au mieux de ses prétendus intérêts.

En principe, cette Révolution était immense, et semblait trancher définitivement la question. En fait, elle ne tranchait rien, et l'expérience des quatre-vingts années écoulées depuis le Serment du jeu de paume, est là pour le démontrer surabondamment.

En effet, si on avait changé l'origine du Droit de l'Etat, on avait respecté ce Droit.

S'il cessait de le tenir de Dieu, pour être censé le tenir, ou même pour le tenir réellement de la volonté du peuple, les choses ne s'en trouvaient guère modifiées dans la pratique.

L'Etat parlait au nom du peuple, au lieu de parler au nom de Dieu, cela est vrai ; — on avait transporté du monde métaphysique au monde terrestre la toute-puissance, mais cette toute-puissance avait été respectée. — Qu'il fut oint par le Seigneur, ou mandataire plébiscitaire de la soi-disant Souveraineté nationale, l'Etat, représenté par un homme, ou par une assemblée, n'en avait pas moins les mêmes prérogatives, la même omnipotence. Du moment où le peuple avait dit oui, avec plus ou moins de connaissance de cause, tout était fini entre le Peuple et le Pouvoir.

Le peuple réputé infaillible, tout-puissant, source sacrée de l'autorité, du Droit, avait transmis au Pouvoir tous ses droits, toute son autorité, son omnipotence et son infaillibilité. — L'Etat n'en était donc pas moins séparé de la nation, de la société, n'en était pas moins en dehors d'elle, au-dessus d'elle.

Le vieux respect de l'autorité, la vieille tutelle de quelques-uns sur tous, n'avaient point disparu. Sous d'autres noms, c'était la même chose. — Au lieu de prendre à droite, on avait pris à gauche, mais on était arrivé au même point, et le résultat n'était pas changé.

L'erreur, erreur inévitable, sans doute, avant d'en avoir fait l'expérience, était de croire qu'en modifiant l'investiture du Pouvoir, qu'en substituant le consentement populaire au fatalisme du droit divin, qu'en substituant le mode électif et représentatif au mode aristocratique et héréditaire, on modifiait l'essence du Pouvoir.

Le mal n'est pas que l'Etat agisse au nom de tel ou tel principe, — c'est qu'il soit !

Le mal n'est pas qu'on m'opprime au nom de
Dieu et du bon plaisir, ou au nom de la société
et du plébiscite, — c'est qu'on m'opprime.

Que le peuple nomme ses prétendus représentants par la voie du suffrage universel, ou qu'il
soit gouverné par quelques privilégiés de la naissance ou de la fortune, — peu importe. Le Peuple
n'en est pas moins à la merci de ces représentants, qui, élus ou non, du moment qu'ils entrent
dans le Pouvoir et deviennent l'Etat, sont, par le
fait, séparés du Peuple, en dehors du Peuple,
au-dessus du Peuple, ennemis du Peuple.

Ce qui est mauvais, ce qu'il faut détruire, ou
changer, si l'on préfère, ce n'est pas ceux qui
auront charger de devenir l'Etat, d'agir et de
gouverner en son nom, — c'est la conception de
l'Etat, car vous aurez beau changer les hommes,
modifier leur mode d'élection, les contraindre à
mettre en tête de leurs actes : *au nom du Peuple!*
— Le Peuple n'en sera pas plus libre, le Peuple
n'en sera pas moins la chose qu'on gouverne, et
c'est là qu'est la plaie, non ailleurs.

L'Etat, (1) quel qu'il soit, quel que nom qu'on
lui donne, dictature d'un homme ou d'une assemblée, république ou monarchie, absolue ou con-
stitutionnelle, ne peut être ni démocratique, ni
révolutionnaire, ni même *libéral,* puisqu'il représente le POUVOIR, qui est despotique et réaction-
naire par nécessité, par essence, ni personnifier
la liberté, l'égalité, puisqu'il personnifie l'AUTO-
RITÉ, quelque chose qui domine, qui régit, qui
mène la société, par conséquent qui l'opprime et
qui l'écrase, qui substitue sa volonté à la sienne,

---

(1) Voir, pour le développement et la démonstration de ces idées,
l'Etat et la Révolution, par ARTHUR ARNOULD. (1 vol. in-8°, chez
H. Kistemaeckers, libraire-éditeur).

qui prétend gérer mes intérêts, veiller à mon salut, m'enseigner ce que je dois faire, penser et agir en mon lieu et place.

Il ne peut non plus être la justice, ni la vérité : — la justice parce qu'il est le premier des privilèges, parce qu'il fait la loi et l'applique sans la subir ; — la vérité, parce qu'il est fatalement l'image exacte des passions, des lumières, des préjugés et des capacités de ceux en qui il s'est incarné.

Si vous faites des lois, comme on le tente depuis quatre-vingts ans, pour vous protéger contre l'État et son omnipotence, vous reconnaissez que vous avez besoin de vous protéger contre lui ! — Qu'est-ce donc alors que ce protecteur contre lequel il faut se protéger ? Et puisqu'il faut vous protéger contre lui, il est donc dangereux ? Mais qui sera chargé d'appliquer ces lois de précaution contre l'État ? L'État encore, puisque vous lui avez tout confié, tout remis !

Qui ne voit qu'il y a là, en principe, un cercle vicieux ?

En fait, c'est bien pis.

Il y a, quoi qu'on fasse, une logique qui domine tout, et ce qui existe, ce qui a vie tentera toujours par une loi générale, légitime, de développer sa vie, de renverser les obstacles qui le gênent. — L'État existe, il veut donc vivre et se développer. — Il luttera donc contre les obstacles que vous dresserez devant lui. Il essaiera de les briser, et comme vous l'avez investi de la force, comme vous êtes désarmés, il y réussira.

La situation étant donnée, le principe étant posé, vous voilà voués aux Révolutions sans fin, comme aux Révolutions stériles.

Ouvrez l'histoire, et depuis quatre-vingts ans,

en France, où le problème s'est d'abord posé dans toute sa netteté, vous voyez la lutte engagée entre le Peuple et l'Etat.

Le Peuple qui ne croit plus au droit divin, à qui on a appris à regarder l'Etat comme sa représentation, créée pour satisfaire à ses besoins, n'a plus pour l'Etat ce respect timide, cette résignation stupide que lui imposait jadis la croyance en son origine providentielle. Donc il le discute, et, en vertu de la fiction qui le déclare chargé d'affaires du bien-être et des intérêts du Peuple, ce dernier lui demande le bien-être et la satisfaction de ses intérêts. L'Etat n'y parvient pas, ne le voulant pas, et *ne le pouvant pas*. Le Peuple se soulève, change les hommes, change les noms. Au lieu de Charles X, il a Louis-Philippe, au lieu de Napoléon III, il a la République versaillaise. Mais ce n'est ni Charles X, ni Louis-Philippe, ni Napoléon III, qui étaient le véritable ennemi, et ce n'est point parce que sept cents hommes légiféreront au nom de la République, au lieu de légiférer au nom de l'Empereur, que les choses seront autrement.

« Je vous le dis, en bon français, notre ennemi, c'est notre maître ! »

Or, quel est ce maître ? — C'est l'Etat, c'est-à-dire, cet être de raison à qui vous avez confié le droit de disposer de vos personnes et de vos biens, du présent et de l'avenir de la patrie où vous vous développez. Le mal dont vous souffrez, c'est d'abdiquer, tantôt sous une forme, tantôt sous une autre, mais d'abdiquer toujours et d'attendre d'autrui ce que vous ne devriez demander qu'à vous-même. Ce qui vous ronge, ce dont vous mourrez, si vous n'y portez remède, c'est d'avoir au-dessus de vous quelque chose qui n'est pas vous, qui, par conséquent pense et agit autrement que vous ne pensez, que vous n'agiriez, qui, avec la meilleure intention du monde, ne peut connaître vos intérêts, sentir vos besoins, comme vous les connaissez, comme vous les sentez, y satisfaire comme vous y satisferiez vous-mêmes.

Et comprenez bien ceci, — classes déshéritées, ouvriers, hommes de bonne volonté de tous les rangs qui portez en vous l'idéal de la justice, l'amour du vrai, — si, au lieu des drôles, des farceurs et des ambitieux qui, en très grande majorité, surprennent leur nomination à votre ignorance, si, au lieu de cette tourbe de repus, d'intrigants ou d'imbéciles, vos ennemis par intérêt de caste ou par simple stupidité, vous nommiez seulement des ouvriers, des hommes absolument purs et dévoués, — à moins que ces hommes n'emploient immédiatement leur court passage au Pouvoir, à supprimer l'Etat tel qu'il existe, ces hommes deviendraient demain vos ennemis, qu'ils le voulussent ou non, et vous n'auriez rien gagné au change.

S'ils gardaient le Pouvoir, ils deviendraient, en effet, le Pouvoir lui-même. L'Etat s'incarnerait en eux, et, en admettant qu'ils fussent une collection d'hommes de génie honnêtes, en admettant que leurs vertus privées adoucissent le poids de la chaîne, vous n'en seriez pas moins enchaînés. Leurs successeurs, le premier aventurier venu, vous le feraient rudement sentir. Les droits d'un peuple ne peuvent ni ne doivent dépendre des vertus des dépositaires du Pouvoir.

En politique, la vertu, comme le devoir, comme la fraternité, comme tout ce sentimentalisme mystique avec lequel on berce les révolutionnaires enfants, n'est qu'un mot et ne compte pas.

Il n'y a de sérieux et de solide que les *institu-tions,* que *l'organisation sociale* du milieu où nous devons nous développer, organisation basée sur les lumières de l'expérience, les conquêtes de la science, et les nécessités absolues de l'évolution complète de l'être humain.

Voilà pourquoi, après six Révolutions en moins d'un siècle, après un roi guillotiné, quatre autres morts en exil, après trois Républiques, le peuple en France, n'est pas beaucoup plus avancé qu'au premier jour, et se trouve toujours à la veille d'une nouvelle Révolution qui sera aussi inféconde que les précédentes, si on ne sort enfin de l'ornière.

C'est l'histoire du rocher de Sisyphe retombant éternellement sur celui qui le soulève. — Il ne s'agit pas de déplacer le rocher, il s'agit de prendre un maillet et de le réduire en poussière. — Il ne s'agit pas de changer les titulaires et l'étiquette du Pouvoir, il s'agit de supprimer le Pouvoir, tel que l'a conçu le passé, de le transformer dans son essence, en un mot de l'abolir.

En effet, croit-on qu'il y ait, au-dessus des sociétés, un intérêt autre que l'intérêt social?

Croit-on qu'il y ait, sur cette terre, au-dessus de la raison humaine, une raison supérieure à l'homme?

Croit-on qu'il puisse résulter de la collectivité, de la réunion, de l'association d'un certain nombre d'individus, un être moral qui ne soit pas ces hommes, une pensée qui ne soit pas une pensée humaine, une vérité qui ne soit pas une vérité humaine?

Si on le croit, qu'on se fasse catholique, et qu'on demande à l'infaillibilité de l'Eglise des règles de conduite. Je ne discute pas avec les mystiques et les gens religieux. Ils ne comptent pas aux yeux de la science, du raisonnement et de la Révolution.

Si on ne le croit pas, pourquoi la Société n'agit-elle pas par elle-même ?

Pourquoi invente-t-elle une sorte d'être supérieur et infaillible, sans autre réalité que celle qu'on lui prête, pour agir à sa place, veiller sur elle, trancher les problèmes qui l'agitent, résoudre les questions d'intérêts qui constituent sa vie quotidienne ?

Comment peut-on perdre assez le sens commun pour ne pas comprendre que cet État, — être idéal et supposé parfait, puisqu'on lui confie l'autorité suprême, — ne peut agir après tout qu'en se personnifiant en un certain nombre d'hommes, et que, par conséquent, les peuples remettent tout simplement la disposition d'eux-mêmes à quelques-uns d'entre-eux, qui ne sauraient valoir mieux que l'ensemble de l'humanité.

Dès lors, si ce ne sont que des hommes, pourquoi ceux-là plutôt que d'autres, à moins de supposer qu'on revêt des lumières supérieures en revêtant le Pouvoir, ou qu'on devient un grand homme en recevant un portefeuille, et un génie supérieur par le fait qu'un certain nombre de bulletins imprimés à votre nom, se sont trouvés dans une urne remplie par l'ignorance ou les passions de parti.

A côté de cette conception fatale de l'État, à côté de cette erreur, origine de tous nos malheurs passés, présents et futurs, il y a une autre conception non moins dangereuse, c'est la conception de l'*Unité* et de la *Centralisation*.

Sans cette dernière, l'État ne vivrait pas, car elle est l'arme avec laquelle il fauche tous les

obstacles et aplanit sa route. Elle lui est si intime-
ment incorporée, elle fait si bien partie intégrante
de lui, qu'il est presque oiseux de chercher laquelle
des deux conceptions a précédé l'autre. — L'Unité
produit l'autorité, comme l'autorité produit l'Unité.
— Aussi l'Etat est-il le gardien le plus farouche de
l'Unité, sans laquelle il ne subsisterait pas pendant deux fois vingt-quatre heures.

Les hommes ont confondu l'UNITÉ avec l'UNION.
— C'est là que gît toute l'erreur.

L'Union fait la force. — *L'Unité fait le despotisme !*

Autant l'une apporte de bien, autant l'autre
produit de mal. Un abîme les sépare.

L'Union est le pacte par lequel un certain
nombre d'individus, — êtres moraux ou matériels, — stipulent en pleine liberté, en pleine
indépendance, un contrat par lequel, ayant les
mêmes intérêts et les mêmes besoins, les mêmes
aspirations et le même but, ils unissent leurs
efforts et mettent en commun leur action, mais
cette union ne doit pas aller au-delà, et suppose
une communauté d'intérêts immédiate, ou une
véritable conformité d'idéal, soit politique, soit
social. — Elle sous-entend que, pour tout le
reste, on est libre et conserve la direction de soi-
même.

L'Unité, au contraire, est l'abdication sous un
joug uniforme, qui s'étend à tout et sur tout. On
lui sacrifie toujours plus qu'on en reçoit, puisque
chacun des groupes naturels qui la constituent,
étant noyé, submergé par le nombre immense
des autres groupes, chaque individu, chaque collectivité partielle, supporte, à soi seul, et sur tous
les points à la fois, le poids total de la masse entière.

L'Unité est quelque chose d'essentiellement
fictif, arbitraire, qui écrase et qui broie, pour
créer, de parties diverses et autonomes, un seul
édifice, où nul n'a plus la liberté de ses mouve-
ments, ni la possibilité de se développer sans
entraîner avec soi l'universalité de ceux auxquels
il se trouve lié, comme un forçat à sa chaîne (1).

L'Unité a toujours quelque chose de factice et
de tyranique, en ce sens qu'elle ne repose pas
sur des lois naturelles, qu'elle n'est point le produit primesautier des besoins de l'homme, mais
le produit conventionnel de certaines nécessités
ou de certaines conceptions philosophico-politiques
qui ne profitent qu'à quelques-uns, au détriment
du plus grand nombre.

L'union est la réalisation de l'Unité des sentiments, des volontés, des intérêts. — C'est une
chose essentiellement morale, où chacun a son
droit et son autonomie respectés.

L'Unité est, sans respect du droit et de l'autonomie, l'union forcée, superficielle, extérieure,
des sentiments, des volontés et des intérêts les
plus discordants.

L'Union, — c'est l'*association!*

L'Unité, — c'est la *caserne!*

Tous les tyrans, hommes ou peuples, — car il
y a eu des peuples tyrans, notamment le peuple
romain, pour n'en citer qu'un, — ont rêvé, tenté

---

(1) C'est l'histoire de Paris, qui, chaque fois qu'il se soulève, se
trouve retenu et rejeté à terre, par le poids immense de la France
entière, inégalement éclairée, inégalement mûre pour l'idéal entrevu
par la capitale.

C'est l'histoire de toutes les grandes villes de France, de tous les
centres intelligents et révolutionnaires, Lyon, Marseille, Toulouse,
etc., obligés de marquer le pas sur place, parce qu'il y a vingt millions
de paysans qui n'ont encore aucune idée politique ou sociale.

En fractionnant le poids, il serait évidemment plus facile de le
soulever, et finalement de le réduire à zéro, au grand bénéfice de
chacun et de tous.

l'Unité, et cette tentative a toujours abouti à d'horribles désastres après de longues douleurs.

D'où est donc venue cette idée de l Unité si contraire au génie de l'homme, au libre développement de ses facultés, qui a si souvent arrêté les progrès de la civilisation et sa marche vers l'avenir, et qui n'est au fond que l'application du droit absolu, odieux, de la majorité, droit qui n'est lui-même que la suppression de l'initiative individuelle écrasée par le nombre ?

L'idée de l'Unité, telle qu'on l'a appliquée, telle qu'on l'entend aujourd'hui, est une idée essentiellement religieuse, d'origine chrétienne et catholique. C'est le catholicisme, le christianisme, si l'on préfère, qui a imprimé dans les cerveaux l'idéal d'une discipline unique des esprits, et l'Etat, ayant succédé à l'Eglise dans le gouvernement des choses d'ici bas, a conservé précieusement cet idéal qui flattait sa manie d'absorption. — Il en est né, et cette idée est la seule qui puisse paraître justifier sa soi-disante mission.

Un Dieu, un Roi, une Loi, c'est-à-dire la force sous ses trois faces, telle est la trinité sous laquelle l'humanité s'est courbée, et qui a suspendu, puis entravé et finalement rendu si douloureux les progrès de la civilisation.

Le peuple, en France, a peu à peu éliminé les deux premiers termes de cette équation de la tyrannie : Dieu et le roi ont cessé de peser sur sa conscience, d'enchaîner sa liberté.

J'entends parler naturellement de cette portion du peuple qui pense, qui raisonne, qui agit, et non de cette masse ignorante et indifférente qui reste soumise par habitude, par absence de lumière, à de vieilles superstitions, lesquelles ne disent absolument rien à son intelligence, mais

qu'elle porte, comme elle porte une chemise,
parce que c'est l'usage et qu'on lui a dit que cela
devait être ainsi.

Le peuple donc ne croit plus en Dieu, ni au
roi. La religion et la monarchie, pour lui, ont fini
leur temps, la monarchie surtout, qui n'est plus
représentée en France que par quelques centaines
de polissons affamés de croix, de portefeuilles,
de préfectures, de sinécures, de livrées et de bals
à la cour.

En dehors de cette tourbe qui flotte au-dessus
de la nation, comme l'écume au-dessus d'un
baquet, il n'y a plus de royalistes en France, mais
il y a des unitaires et des centralisateurs, des ado-
rateurs de l'Etat, du Pouvoir fort, de l'autorité.

On en trouve même parmi les révolutionnaires.
— Nés, élevés, au milieu d'une société qui porte
l'empreinte chrétienne, leurs esprits se sont coulés
dans un certain moule qu'ils n'ont pu briser, et
très forts, très audacieux, chaque fois qu'il s'agit
de combattre, de renverser le Pouvoir existant,
vous les voyez, le lendemain, complétement
inertes, désorientés, incapables, suivre l'ornière
du Pouvoir qu'ils ont renversé et qu'ils reconsti-
tuent avec ardeur. — Ils en tombent impuissants,
s'ils sont honnêtes, ils en adorent tous les vices,
s'ils restent au gouvernement. — Pourquoi? —
Parce qu'ils croient à l'Etat, et que, l'Etat étant
donné, ils deviennent l'Etat, ou qu'ils attendent
de l'Etat des réformes qui sont contraires à l'essence même de l'Etat, que l'Etat ne peut pas plus
leur donner qu'on ne peut donner la lune aux
enfants qui la demandent en trépignant.

Cette idée religieuse du Pouvoir fort et centralisateur, cette idée de l'Unité, se justifie à leurs
yeux, par cette croyance, mal comprise, dans

l'unité de l'humanité elle-même, que les romanciers de la Bible et de l'Evangile ont inventée par suite de l'ignorance où l'on était à cette époque des véritables lois de la création, à peine entrevues aujourd'hui.

Elle se base sur cette croyance absolument fausse que tous les hommes, étant enfants du même Dieu, *sortis d'un couple unique,* créé à part et pour une foi spéciale, plus le gouvernement, plus la société se rapprochera de l'Unité absolue, plus elle se rapprochera de l'idéal divin, de la vérité métaphysique.

C'est le catholicisme, c'est l'Eglise qui, la première, a rêvé cette unification, cette discipline unique, uniforme des cœurs et des esprits, et les farouches révolutionnaires qui cherchent à la réaliser au nom du progrès et de l'affranchissement humain ne sont, à leur insu, que les successeurs, les pâles imitateurs de Sixte-Quint et de Grégoire VII.

Dans cette idée de l'Unité du genre humain, il y a du vrai et du faux.

Elle est fausse au même titre que le Paradis terrestre et l'âge d'or, que la tradition religieuse place au début de la création, et que la science et la raison placent en avant, non en arrière.

L'homme n'a pas commencé par le bonheur et la vertu. — Il a commencé par l'animalité, la grossièreté et la misère.

Le bonheur et la vertu sont un but, — non un point de départ.

L'Unité du genre humain n'est pas non plus à l'origine, — elle est à la conclusion.

Il y a des hommes qui constitueront, un jour à venir, cette humanité *une* vers laquelle nous marchons, mais qui n'existe pas et qui n'a jamais existé. Elle sera le résultat de l'élévation du niveau général, de l'échange et de la communion des idées. Elle sera le magnifique héritage de paix, de concorde, d'union, que les générations passées et présentes, à force de luttes sanglantes et d'héroïques efforts, légueront aux générations futures. Mais nous n'en sommes pas encore là. C'est à peine si nous nous y acheminons.

Ceux-là même qui parlent le plus haut et le plus souvent de l'unité humaine, ne songent, en réalité, qu'à cette minorité des hommes, en Europe et en Amérique, qui sont arrivés à un certain degré de développement uniforme qui les rapproche de plus en plus. — C'est pour eux qu'ils stipulent, c'est eux qu'ils comprennent dans leurs plans unitaires. — Ils sont contraints de laisser en dehors, pour le moment, ces autres hommes qui peuplent les steppes immenses de l'Asie, les déserts de l'Afrique et de l'Australie, les îles de l'Océanie, c'est-à-dire les trois quarts du globe habité.

Ceux-là on les traite comme de véritables troupeaux. L'Européen s'implante chez eux sans scrupule, et les égorge s'ils résistent. Ils appartiennent au premier occupant. — Le droit des gens n'existe pas pour eux.

Est-il nécessaire, d'ailleurs, sans admettre ni justifier cette exportation du droit de conquête, de rappeler que certains sauvages de la Nouvelle Hollande et d'autres contrées, sont beaucoup moins éloignés du singe que de l'Européen, et qu'à côté de la petite humanité *blanche, caucasique,* grande par le développement cérébral, il y a deux ou trois autres humanités, *jaune, rouge, noire,* qui n'ont encore presque rien de commun avec nous?

Tout cela démontre, pour quiconque ne fait pas de métaphysique, que l'humanité est quelque chose qui se forme, et non quelque chose qui existe de longtemps.

Il y a des hommes à des degrés fort différents, qui constituent des groupes divers. — Voilà le présent, et c'est sur le présent que nous devons agir, avec lui que nous devons édifier en vue de l'avenir.

Laissant donc de côté les rêves et les erreurs plus ou moins bibliques, voyons, nous qui ne sommes ni catholiques, ni chrétiens, ni déistes, ni spiritualistes, la vérité telle qu'elle est. — Cette vérité, je le répète, c'est qu'il y a des hommes et des groupes d'hommes, et que ces hommes, ces groupes, ont pour tendance naturelle, pour but, pour devoir, de s'unir entre eux, en réservant leur *autonomie,* qui, alors même que l'humanité ne formerait en réalité qu'une seule famille, serait une chose nécessaire, puisque cette autonomie de l'être et du groupe peut seule assurer le libre développement de leur puissance complète. — Ce qui est vrai encore, c'est que tous ces hommes, tous ces groupes épars sur le globe, ont une certaine quantité de besoins, d'intérêts, de passions, de sentiments identiques. — Ce qui est vrai, c'est qu'ils sont unis entre eux par cela seul qu'ils vivent sur le même point de l'espace, c'est qu'ils sont absolument *solidaires* entre eux. — Ce qui est vrai, c'est que tout ce qui vit ici-bas a une première origine commune et se trouve relié par certains liens généraux, puisque tous, depuis le brin d'herbe et l'insecte jusqu'à l'homme, nous sommes les enfants, enfants divers et certainement non jumeaux, de cette matrice immense qui s'appelle la terre, et dont la fécondité ne s'est pas encore lassée.

A tous ces titres, les hommes ont, certes, des liens communs, et doivent s'*unir,* mais non s'*unifier*.

Le plan général de l'univers, loin d'être l'*Unité,* est la *diversité dans l'Union*.

Pour que l'Unité, telle que la rêvent les autoritaires, les prêtres et certains révolutionnaires, fut légitime et possible, il faudrait que tous les hommes fussent le même homme, — ce qui n'est pas. — Ils diffèrent tous entre eux, non seulement à l'heure actuelle, par les différences de culture intellectuelle, mais par des aptitudes et des facultés diverses, de même qu'ils ont tous entre eux certains points de contact, certains points de similitude. La loi juste, l'organisation logique est donc celle qui donnera une égale satisfaction à ces deux nécessités : — LA SOLIDARITÉ, L'AUTONOMIE.

En dehors de là, vous ne sauriez avoir que le despotisme, ou l'impuissance; — despotisme, si l'on reste dans l'unitarisme, — impuissance si l'autonomie méconnaissait la solidarité.

L'homme, en effet, j'entends chaque homme, est par lui-même et à lui-même tout un monde complet, qui a ses lois propres de développement et sa fin personnelle à remplir. — Voilà la base. — Maintenant il se relie à l'humanité entière par divers anneaux. Il est un individu, mais il fait aussi partie d'un groupe d'autres individus qui, par suite d'une origine commune, de circonstances géographiques, historiques, physiologiques, industrielles, ont avec lui des points de contact nombreux, rapprochés, profonds, — unité de langage, habitudes d'esprit, certaines façons de concevoir la vie, intérêts économiques et autres.

Ce groupe constitue la *nationalité* dans ce qu'elle a de légitime.

La nationalité, en effet, n'est point une séparation, elle est le premier échelon qui conduit l'individu à l'humanité. — J'entends la nationalité *vraie*, non la nationalité *factice* créée par la conquête et les lois arbitraires de la vieille politique.

Maintenant ce second groupe fait partie d'un troisième groupe plus large qui, pour nous, par exemple, s'appelle le groupe *européen,* lequel est constitué naturellement par une origine commune, aussi un certain niveau intellectuel, certaines lois économiques, lequel groupe lui-même fait partie d'un dernier groupe qui sera, un jour, le groupe *humain*.

Ainsi, dès aujourd'hui, trois entités existent pour nous : — l'individu, la nation, l'Europe.

Il est bien entendu, d'ailleurs, que je ne m'occupe ici, que des faits *actuels*. — Il est probable qu'un jour viendra, par exemple, où tous les hommes parleront la même langue, où tous seront élevés au même niveau moral par l'instruction, où, dès lors, il ne restera plus que l'individu et le groupe producteur ou économique, au sein de l'humanité parvenue à la conquête de son union ou fédération future.

Mais, même encore à cette époque éloignée, l'autonomie de l'individu et du groupe librement formé, délimité par les nécessités climatériques et géographiques et les aptitudes propres qui en découlent, sera absolument respectée, et l'union, — qui est la liberté, ne pourra jamais dégénérer en unité, — qui est l'esclavage.

La nature ne procède pas autrement, et les lois de la vie sont partout les mêmes. La terre est une autonomie qui, en compagnie d'autres planètes, autonomies également, tourne autour du soleil, qui, lui-même autonomie, tourne autour d'un centre inconnu, qui doit décrire un cercle plus étendu autour d'un autre point perdu dans l'espace, et c'est ainsi que l'univers entier, *relié mais non confondu* dans ses phénomènes, décrit ses courbes toujours plus incommensurables à travers l'infini.

Du ciron au soleil, du grain de sable à l'immensité sans borne, partout il y a *concorde, accord, solidarité,* mais partout *diversité, indépendance, autonomie.*

Au point de vue des principes, l'idée d'unité, de centralisation, est donc fausse, contraire à la réalité des choses, à la loi naturelle, basée sur une conception erronée de la création, des nécessités absolues de la vie.

En fait, elle est dangereuse, et pèse sur les peuples comme un lourd fardeau qui les écrase et les condamne à l'impuissance.

L'Unité ne peut vivre sans la Centralisation, et la centralisation suppose un pouvoir supérieur dirigeant devant lequel tout doit plier. — Voilà le despotisme réduit à ses rouages essentiels. — Là il n'y a plus place pour la liberté. — Qu'on l'inscrive tant qu'on voudra dans les constitutions, il n'en sera pas davantage. Aucun décret ne peut faire qu'un pommier produise des cerises. Aucun décret, aucune Révolution ne peut empêcher que l'unitarisme ne produise la centralisation, que la centralisation ne produise un pouvoir autoritaire.

Que ce pouvoir s'appelle Monarchie, Empire ou République, peu importe à ce point de vue, je l'ai déjà démontré.

Si la forme républicaine parvient à se mainte-

nir, — et ce sera un miracle, — vous aurez un
maître à plusieurs centaines de têtes au-dessus
de vous, qui s'appellera Assemblée nationale, et
comme toute vitalité se sera réfugiée là où réside
le Pouvoir, comme en dehors de la capitale et
des représentants du Pouvoir, l'impuissance,
l'inertie, le néant, seront toujours partout ailleurs, il suffira toujours qu'un ambitieux sans
scrupule, appuyé de quelques soudards, mette la
main sur la capitale, jette par la fenêtre ou fourre
en prison les dépositaires du Pouvoir, pour remplacer la dictature à cent têtes par la dictature
individuelle.

Où y a-t-il, dans un pays unifié, un centre de
vie qui puisse devenir un centre de résistance?

En France. est-ce qu'il faut compter avec
Lyon, Marseille, Bordeaux, Nantes, Toulouse, etc.? Non! ces villes sont des cadavres
d'où rien ne peut plus sortir pour l'initiative, ou
même pour la résistance, je le répète. Elles ont
des hommes pourtant. On les voit agir aux jours
de révolution, mais où? — A Paris, parce que là
seulement on peut mettre la main sur le gouvernement, et que le gouvernement étant tout, le gouvernement pris, le reste n'est pas même à prendre.

Pourquoi la Commune a-t-elle succombé dans
Paris? — C'est que le gouvernement lui ayant
échappé, le pays entier, serré à la gorge par la
main de fer du gouvernement, organisé seulement pour l'obéissance passive, n'ayant rien, ni
centre, ni groupe, ni relation entre les diverses
parties, en dehors du canal de l'autorité, s'est
trouvé paralysé, quoique les grandes villes fussent presqu'unanimement de cœur avec le mouvement communaliste dont le triomphe pouvait
seul les affranchir.

Quoique vous fassiez, l'Unité s'appelle la Centralisation, et la Centralisation s'appelle l'autorité — Changez l'étiquette, c'est toujours le despotisme.

Voilà quatre-vingts ans que la démocratie en France joue ce jeu et quatre-vingts ans que, laissant tous les atouts aux mains du Pouvoir, elle est battue, dépouillée, exploitée, volée.

Il n'y a eu qu'un pays qui soit resté libre, et qui aurait pu être démocratique s'il l'avait voulu, en Europe, au milieu de tous les despotismes qui l'entouraient : — C'est le peuple suisse. — Pourquoi ? — A-t-il un génie supérieur ? Non. — Son tempérament est froid et généralement dépourvu d'initiative (1). Il n'est pas même une personnalité nationale, car il se compose de trois races différentes, parle trois langues, appartient à deux religions. Il est constitué, comme l'Autriche et la Turquie d'Europe, de tronçons de nationalités diverses, qui n'ont, entre elles, aucune sympathie native. Pourtant il a vécu relativement heureux et libre, et il aurait pu être cent fois plus heureux, cent fois plus libre, s'il avait eu plus d'initiative, s'il avait aimé l'égalité sociale comme il aime la liberté politique. — Chez lui trois races ennemies partout ailleurs, deux religions intolérantes, ont vécu en bon accord, et n'ont point empêché le développement d'un esprit de solidarité extrême, d'une véritable et sincère confraternité.

Pourquoi ? — Parce que c'était une *Confédération*, parce que l'Allemand, le Français, l'Italien, se sont unis par les points qui les touchaient,

---

(1) Il a, en dehors de cela, de très sérieuses qualités personnelles. Il ne faut pas oublier non plus, que seul en Europe, — avec l'Angleterre, — il a fermement et noblement maintenu son droit d'asile.

qui les intéressaient tous les trois, et sont restés autonomes, c'est-à-dire libres (1), pour le reste. — Parce qu'ils ont appliqué, sans s'en douter et d'une façon bien incomplète pourtant, le principe proclamé par la Commune! — *L'autonomie des groupes naturels et la fédération des groupes.*

Au point de vue politique, — le seul qui soit en jeu, lorsqu'il s'agit de la Suisse, où la *question sociale* n'est pas plus avancée qu'ailleurs, — ils ont su faire à peu près exacte la part de l'Union et de la Séparation. Ils ont su à peu près s'unir par ce qui doit être uni, et rester séparés pour ce qui doit être séparé. — Ils ont contracté pour les choses d'intérêt commun, général, universel, où ils avaient le même besoin de s'entendre et de se concerter. — Ils ont réservé le reste.

Et c'est ainsi que l'Allemand, le Français, l'Italien, se développent côte à côte, la main dans la main, sans s'écraser, ni se tyranniser mutuellement, tandis qu'en Autriche, le Hongrois, l'Allemand, le Polonais, l'Italien, le Croate s'exècrent et ne rêvent que de se séparer ou de se dominer.

Supprimez la monarchie autrichienne, que le Hongrois, le Polonais, l'Italien, l'Allemand se confédèrent, et vous avez là, sans secousse, sans haine ni antipathie de race, sans ambition de suprématie, d'assujétissement l'un sur l'autre, une seconde Suisse libre et heureuse autant que le génie de ses habitants le comportera.

Unifiez, au contraire, la Suisse, et vous aurez demain une nouvelle Autriche, où l'Allemand, en vertu du nombre, écrasera le Français et l'Ita-

---

(1) Depuis il a été voté une nouvelle Constitution, qui modifie quelque peu l'état des choses.

lien, où l'Italien et le Français ne rêveront plus que révolte et séparation, et verront se développer chez eux la haine des races, ennemie de tout progrès, — races qui existent en réalité, mais qui doivent se solidariser et peuvent s'aimer.

Etendons l'exemple.

Supposons que l'Europe entière soit unifiée sous un seul gouvernement, sous une seule loi.

La Révolution est finie!

Le développement individuel du génie de chaque peuple disparaît, s'éteint, — il n'y a plus qu'un troupeau, une poussière humaine, sans cohésion, sans point d'appui.

La France ne peut plus être le foyer de l'idée révolutionnaire et la rayonner sur le monde, car elle devra subir la loi du nombre représentée par la Russie cosaque, l'Allemagne encore féodale, etc., etc.

Elle sera noyée, submergée.

Si Paris se soulève, cela ne comptera plus, car le *milieu* est nécessaire à la propagation de l'idée, comme à la propagation du son et de la lumière, et le milieu n'existera plus. Pour cent mille Parisiens qui se soulèveront, il y aura cent millions d'Européens prêts à les écraser (1).

Mais Paris ne songera même plus à se soulever. Il aura perdu son génie propre, son individualité. — Il ne sera plus un centre, il sera un rouage subalterne dans une machine immense dont il subira le mouvement. — Le génie français aura disparu comme disparaît le génie de tout groupe humain soumis à la con-

---

(1) Ceci évidemment peut s'appliquer à toute autre ville, à tout autre pays, devenu incidemment initiateur d'un mouvement révolutionnaire.

quête violente d'autres groupes dissemblables.

L'Italie — qui avait donné au monde la *Renaissance* et plus de grands hommes en deux siècles que l'Europe entière depuis le christianisme et la conquête barbare, — devenue la proie de l'étranger, cessa de produire des hommes et des idées. Elle n'eut même plus d'école de peinture à elle, plus de poètes, plus d'écrivains. — Elle ne devint ni allemande, ni espagnole, ni française ; elle cessa d'être italienne et devint une simple expression géographique, une *non-valeur* dans l'humanité. — Elle se retrouvera seulement maintenant qu'elle est *retournée à elle-même*.

Il en a été ainsi pour la Pologne, pour l'Irlande, pour tous les peuples qui ont cessé d'avoir la libre disposition d'eux-mêmes, qui n'ont pu se développer dans le sens de leur nature propre.— Ils ne comptent plus dans le mouvement des idées. C'est un instrument qui se tait dans l'orchestre universel.

Quel avantage peut-il y avoir à cela ?

Nous ne sommes pas trop pour chercher la vérité, pour en découvrir les faces multiples. La vérité absolue, entière, complète, n'étant pas notre lot, il est bon, il est nécessaire, il est essentiel, que chaque personnalité originale, — et les peuples ne sont que de vastes personnalités, — l'interroge, l'entrevoie à son point de vue particulier.

Qui peut nier que la pensée moderne, que la Révolution sociale, prise dans son ensemble, ne soit et surtout ne doive être le résultat des efforts divers, — et *féconds* parce qu'ils sont *divers*, — des peuples de génie particulier qui se partagent l'Europe ?

N'est-il pas évident que la pensée française se

complète par la pensée allemande, par la pensée anglaise, par la pensée russe?

Et que, si une seule de ces pensées avait absorbé ou supprimé les deux autres, il y a des côtés de la vérité humaine qui seraient restés inconnus, des problèmes dont la solution resterait forcément incomplète?

Donc de quelque côté que nous nous retournions, que nous interrogions la science, la philosophie, l'histoire, la réalité, partout nous trouvons écrites en lettres de sang ces paroles fatidiques :

Pas d'Unité! — pas de Centralisation! — Pas de Pouvoir fort! — L'Autonomie du Groupe et l'Union des Groupes autonomes.

Ces paroles, ce sont celles que la Commune vint proclamer à son tour pour la première fois, en essayant de les faire passer dans les faits.

Lorsque la Révolution du 18 mars, provoquée par le gouvernement, se produisit, la situation était celle-ci :

La France venait d'accomplir une quatrième Révolution victorieuse, et, pour la quatrième fois, le peuple encore tout couvert de la sueur et de la poudre du combat, voyait cette Révolution tombée de fait entre les mains des éternels ennemis du peuple. — Pour la quatrième fois, il se voyait en présence de ce phénomène, qu'après avoir renversé un tyran, il se trouvait n'avoir pas frappé la tyrannie, qu'à un gouvernement oppresseur succédait un autre gouvernement également oppresseur, qu'il n'avait rien gagné au change, que l'*unité*, la *centralisation* et l'*autorité*, leur fille directe, étaient restées debout sur les ruines du trône pourri, — que la direction de ses intérêts continuait de lui échapper, de rester entre des mains toutes puissantes et irresponsables, — qu'on allait, en son nom, agir, décréter, organiser, légiférer, sans s'inquiéter de lui, ni de ses volontés, le réenchaîner sans qu'il y pût rien !

En un mot, il avait changé de geôlier, mais la geôle continuait de dresser ses murs épais, ses lucarnes étroites garnies de barreaux de fer, entre lui, le vainqueur, et l'air pur de la liberté.

L'expérience était complète, définitive.

L'éternel honneur du peuple de Paris sera de l'avoir compris, l'éternelle honte du parti républicain bourgeois, l'éternelle preuve de son égoïsme, de son impuissance, de son incapacité ou de sa pusillanimité, sera d'avoir fermé les yeux à l'évidence, d'avoir bouché ses oreilles au cri de l'avenir.

Le 18 mars, le peuple rompit définitivement avec la vieille tradition monarchique et jacobine, également affolée d'unité, également intoxiquée de l'idée empoisonnée d'un Pouvoir fort.

Le 18 mars, le peuple déclara qu'il fallait sortir du cercle vicieux, couper le mal dans sa racine, non plus changer de maître, mais cesser d'avoir des maîtres, et, avec une admirable vision de la vérité, du but à atteindre, des moyens qui pouvaient y conduire, il proclama l'*autonomie de la Commune et la fédération des communes*.

Le nœud gordien était tranché, la pensée moderne avait trouvé un bras qui s'appelait Paris, et ce bras vigoureux venait de planter la cognée à la racine même du vieil arbre féodal, autoritaire et religieux.

L'ancien monde se sentit frappé de mort, et se souleva tout entier, depuis le gentillâtre idiot et le bedeau de village jusqu'au républicain formaliste, jusqu'au socialiste mystico-sentimentaliste et bourgeois, — depuis Lorgeril jusqu'à Louis Blanc.

Qu'entendait Paris, en proclamant l'autonomie communale ?

Entendait-il briser la nationalité française, ériger les trente-huit mille communes de France en autant de petites républiques indépendantes, sans lien entre elles ?

Non, certes.

En face de l'Europe monarchique, cela eût été une folie pure et simple, un suicide insensé autant que ridicule, et personne n'y a jamais songé.

N'oublions jamais qu'à côté de l'autonomie, la Commune proclamait la fédération des groupes. — La Commune, en un mot, voulait briser la centralisation, *l'unité* superficielle, factice, despotique, contre nature et qui tue, pour lui substituer *l'union* qui vivifie, fortifie et féconde.

La Commune prenait la France telle qu'elle est, au milieu de l'Europe telle qu'elle existe ; elle restait dans son siècle, n'en méconnaissait aucune des nécessités.

Elle voulait seulement supprimer ce qui peut se supprimer *dès aujourd'hui,* réformer ce qui peut se réformer *à l'instant,* ouvrir la voie du progrès et couper les entraves grotesques ou odieuses qui l'arrêtent sur place depuis si longtemps.

Il ne s'agissait donc nullement de porter atteinte à l'existence de la personnalité française, comme on l'a bêtement répété.

Tant qu'il y aura des nationalités, le devoir de chaque nationalité, sans empiéter sur les autres, est de veiller au maintien de sa propre existence, de faire respecter l'autonomie et l'indépendance qui peuvent seules lui assurer le libre développement auquel a droit tout individu, tout être moral ou physique.

J'en ai fait connaître les raisons plus haut.

Non, il s'agissait uniquement, au contraire, de faciliter, d'augmenter la vitalité de la France, en la modelant, — dans la mesure du possible, — sur le modèle de l'avenir, en en faisant un foyer rayonnant qui eût éclairé l'Europe entière, de prouver le mouvement en marchant, de poser la première assise et la principale de la transformation future des Sociétés, d'en rapprocher la date.

Il s'agissait, en un mot, d'élucider, *pour la première fois*, les règles vraies, les lois justes et normales, qui doivent assurer l'indépendance réelle de l'individu et du groupe, soit communal, soit corporatif, et relier ensuite les groupes similaires entre eux, de façon qu'ils jouissent tout à la fois de *l'union* qui fait la force, — qui est le levier avec lequel on soulève les idées et les mondes, — et de *l'autonomie* essentielle à la dignité des individus, comme à la prospérité des groupes et à l'expansion illimitée de toutes les facultés originales, de toutes les aptitudes productives et progressives.

Pour atteindre ce but, il eût suffi de faire la part exacte de ce qui intéresse d'une façon absolue la Collectivité entière du groupe national fédéré, et de ce qui intéresse, au contraire, chacun des sous-groupes naturels, qui sont, non pas comme des membres soumis à un cerveau, mais comme des *associés* s'unissant dans un but de conservation, pour un résultat de liberté, d'égalité, de bien-être.

Rien de plus facile, en somme, que cette séparation, et, sans entrer dans le détail, on peut l'indiquer à grandes lignes.

Ainsi, il est bien évident que pour tout ce qui regarde les postes, les télégraphes, les voies de communication, l'intérêt est identique d'un bout à l'autre d'un pays quelconque (1).

Tout ce qui regarde la défense nationale, tout ce qui est nécessaire au maintien de l'indépendance, à la résistance à la conquête violente et immorale, eût regardé également la collectivité entière, — bien entendu, par le moyen de la nation universellement armée, en dehors de toute armée permanente.

Il en était de même pour les relations internationales avec l'extérieur.

Les finances nationales, c'est-à-dire la portion des richesses nationales consacrée à ces SERVICES PUBLICS, au fonctionnement des intérêts *collectifs*, eussent dû être centralisées, mais dans cette mesure seulement.

Quant à *l'instruction publique*, — comme il est évident qu'il y a là aussi un *intérêt collectif*, et le plus grand de tous, — d'une part,— comme d'autre part, il est certain que, pour la rendre sérieuse, professionnelle, intégrale, pour la mettre à la portée de tous, sans autres différences que celles indiquées par la mesure des capacités individuelles, — les ressources entières de la fédération nationale n'eussent pas été de trop, — il y aurait eu à trouver une méthode à la fois autonome et collective, qui permit de la faire bénéficier en même temps des avantages de la communauté et des efforts, des ressources,

_____

(1) Comme, d'ailleurs, d'un bout à l'autre de l'Europe, de l'univers entier.

des avantages de l'initiative privée des divers groupes.

D'ailleurs, pour une foule de questions, où les ressources de la Commune isolée sont nécessairement impuissantes et qui eussent été d'une utilité directe pour des groupes plus considérables, — les communes auraient pu former des *ligues,* des *associations,* — soit *régionales,* quand la loi géographique leur aurait créé des intérêts propres, spéciaux, — soit *spéciales,* pour telle ou telle mesure déterminée, — à condition naturellement que ces mesures ne portassent point atteinte ou entrave à la libre circulation de la vie générale et de l'activité collective (1).

Pour le reste, — administration et finances communales, magistrature, police, clergé, — c'est à la Commune, c'est aux groupes autonomes de décider souverainement, d'élire des conseils municipaux ou de délibérer directement, d'élire des magistrats amovibles, ou de les remplacer par des jurys d'arbitres nommés pour chaque affaire, ou de juger directement, — comme cela se pratiquait et se pratique peut-être encore dans certaines communes de la grande Russie, par exemple, — d'organiser la police intérieure suivant la volonté des habitants, soit

---

(1) Ces groupements régionaux, ces ligues de communes à communes, — soit d'une façon fixe, soit pour un ou des objets déterminés, — industriels, sociaux, politiques ou quelconques, — mais pouvant toujours se modifier ou se rompre à la volonté des contractants, — selon les termes du contrat intervenu, — me semblent très-importants et donneraient seuls à l'organisation communale un jeu facile et une énergie suffisante.

C'est l'anneau indispensable qui relie la commune à la fédération générale, — la commune dont, la plupart du temps, les ressources sont trop faibles pour qu'elle n'ait pas besoin d'un appui.

Si elle le cherche au *centre,* — c'est le despotisme.

Si elle le cherche dans la *ligue* régionale ou corporative — c'est la vigueur et la liberté.

qu'ils installent des agents spéciaux, soit que chaque citoyen, à tour de rôle, en ait la charge, ainsi qu'on fait un service de garde dans la milice nationale, — en un mot, de veiller à la sécurité communale de la façon que l'entendront les inté- ressés eux-mêmes.

A eux encore, — à chaque commune, à chaque groupe autonome, — de régler les rapports avec l'Eglise d'après ses propres finances, d'orga- niser le culte qu'il lui plaira d'avoir, s'il lui plaît d'en avoir un, ou de s'en passer.

Enfin, à chaque groupe autonome, toujours, — communal ou corporatif, — suivant les cir- constances, (1), à régler la question sociale dans son cercle propre, c'est-à-dire les questions rela- tives à la *constitution de la propriété,* aux *rap- ports du travail et du capital,* à *l'organisation de la famille,* etc., etc., comme il l'entend, au mieux de ses lumières, de ses aspirations, de ses besoins, — la collectivité n'ayant à intervenir ici que pour assurer la libre action des éléments en pré- sence et le respect des décisions prises dans cha- que autonomie; — ces décisions pouvant tou- joers être modifiées sur l'initiative et avec le consentement des intéressés.

En un mot, il s'agissait de substituer, pour l'administration de la chose publique, au type de la caserne, dont la centralisation gouverne- mentale aux mains de l'Etat est l'image exacte, le type de ces sociétés anonymes en commandite, dont la féodalité capitaliste, pour s'enrichir mieux et plus vite, nous a donné depuis longtemps l'exemple, mais où elle s'applique exclusivement

(1) En dehors du *groupement communal* qui répond plus particuliè- rement à l'ancienne organisation *politique,* le *groupement corporatif* eût répondu à l'organisation *sociale,* la fondait et la constituait.

dans le milieu autoritaire, inique et antagonique que nous subissons, à l'exploitation du travail d'autrui par la grâce du capital approprié.

Que l'on comprenne bien ceci, — c'est que, s'il y a encore des questions d'*ordre politique,* qui peuvent et doivent être résolues, au préalable, d'une façon uniforme et définitive, comme la suppression de la centralisation gouvernementale, du pouvoir de l'Etat, du parlementarisme, du système représentatif (1), etc., — la *question sociale* est d'un caractère tout différent.

Quelle eût été la solution adoptée à ce moment? — Quelle sera la solution qui serait adoptée si, demain, le peuple, maître de la situation, pouvait enfin faire triompher ses volontés? — C'est ce que je n'ai pas à dire ici, dans un ouvrage purement historique. — La solution dépend évidemment du degré de développement de la *science sociale,* du point où la propagande aura amené les esprits, du milieu où la Révolution se produira, du tempérament propre des groupes appelés à trancher le problème économique.

Cette solution ne serait probablement même pas uniforme en tout lieu et dans tous ses détails. — Mais avec le système de l'*autonomie*

---

(1) Les Chambres des députés ou autres, chargées de légiférer et de gouverner, au nom du peuple souverain, qu'elles ne peuvent représenter et qu'en fait elles ne représentent jamais, devraient faire place à des *Commissions d'études,* nommées temporairement pour une *circonstance spéciale,* pour l'élaboration d'un projet de loi *déterminé,* avec un mandat *impératif* et strictement *circonscrit,* et dont les *propositions,* en ce qui toucherait les questions *générales, collectives,* seraient ensuite soumises à la ratification des groupes autonomes, qui les accepteraient ou les rejeteraient, ou, le cas échéant, nommeraient une nouvelle Commission appelée à les modifier.

Ces décisions, une fois prises, les services auxquels elles s'appliqueraient rentreraient dans la catégorie des SERVICES PUBLICS, confiés, par un mécanisme propre, à une surveillance et à une direction *collectives,* et destinés à relier solidairement entre elles les diverses autonomies.

et du *groupement libre,* cette diversité apparente
ou transitoire, du reste légitime et conforme à la
loi d'évolution de la race humaine, n'offrirait
guère d'inconvénients.

Ce serait à l'expérience de démontrer quelle
est la meilleure solution, ce serait aux progrès
de la science d'amener les modifications nécessaires, — d'autant plus que si l'ancienne société,
telle que nous la connaissons, procédant autoritairement à coups de code et de gendarmes, ne
peut vivre que sur des solutions absolues, vouées
à l'immobilité, la société future, procédant, au
contraire, par la liberté, sans code ni gendarmes,
n'étant plus que la manifestation extérieure et la
représentation exacte de l'homme en relation
avec ses semblables, se modifierait, se dévelop-
perait régulièrement, chaque jour, sans secousse,
avec la science et l'homme lui-même.

Cependant, ce que l'on peut indiquer d'avance,
c'est que la forme *politique* des sociétés n'étant
que la résultante de leur organisation *économique,*
et reposant tout entière, aujourd'hui, sur la
constitution de la propriété individualiste, la
Révolution sociale, dans ses lignes générales,
devrait nécessairement adopter le caractère *collectiviste,* c'est-à-dire procéder à la restitution, —
entre les mains de la collectivité, — du sol et de
tous les instruments de travail, — capital ou
autres.

Sans cela, l'État, qu'on aurait cru abolir, se
retrouverait dans chaque commune, dans chaque
corporation. — On n'aurait fait que le *morceler,*
ainsi que le prouve l'exemple de l'Amérique et
de la Suisse, où la Constitution n'ayant porté
aucune atteinte au droit de propriété, — tel qu'il
existe de nos jours, — l'autonomie cantonale et

la fédération n'ont produit aucun résultat social, et laissent la situation économique juste au même point qu'en France, en Allemagne, en Italie, etc.

L'autonomie communale et corporative et la fédération des groupes, ne sont pas une solution, mais un moyen, le milieu nécessaire au développement et à l'application des principes de la Révolution économique et sociale.

Il faut briser le moule politique pour arriver à la solution de la question sociale. — C'est ce que signifie le mot *anarchie,* qui a le tort d'être en général peu ou mal compris. — Aussi les socialistes ont-ils raison, à cet égard, de dire qu'ils n'appartiennent, qu'ils ne se rattachent à aucun des *partis politiques* qui se disputent le Pouvoir, quelle que soit l'étiquette qu'il leur plaise de mettre sur leur drapeau.

La liberté politique, au point de vue où nous nous plaçons, n'est rien sans l'Egalité sociale, — n'ayant pour nous d'autre utilité que de faciliter l'action et la propagande socialistes.

Or, l'Egalité sociale ne peut se produire que sous la forme *collectiviste,* puisque la conquête de l'instrument du travail, par le prolétariat moderne, ne peut s'opérer *individuellement,* et n'est possible que *collectivement.*

On comprend bien, en effet, que si chaque groupe, soit communal ou régional, soit corporatif, respectait et conservait l'organisation individualiste de la propriété, sous ses diverses formes, — terre, capital, outillage, rente, intérêts, etc., etc. — Chaque commune, chaque corporation, reproduirait en petit le spectacle que nous offrent en grand les gouvernements unitaires et l'Etat centralisé, — et que nous ne serions guère plus avancés qu'auparavant.

Ce qui fait l'immense avantage, la force et la
nécessité du principe d'autonomie communale et
corporative, c'est que, — outre qu'en brisant
l'unité et la centralisation, il dépouille l'Etat de
son arme la plus terrible, — il supprime en
même temps les liens arbitraires et les intérêts
fictifs, il met chacun directement en face du
problème qui le touche, il permer les solutions
les plus radicales, les essais les plus audacieux
sur une échelle restreinte qui n'opprime la liberté
de personne, tout en restituant aux groupes
naturels et à l'individu leur complète initiative.

On comprend, d'ailleurs, que, dans cette
rapide esquisse, fort sommaire, je n'entends
nullement exposer un plan de constitution, ni
décider les points auxquels le mouvemen inau-
guré par la Commune de Paris doit s'arrêter.

On peut aller beaucoup plus loin, être beaucoup plus absolu, beaucoup plus exclusif, si l'on
se cantonne sur le terrain des principes purs et
de l'avenir vers lequel nous tendons, que nous
rêvons pour l'organisation de la fédération européenne, après le triomphe de la Révolution sociale dans les divers pays qui constituent aujour-
d'hui l'Europe.

Mais j'ai voulu me maintenir sur le terrain de
la réalité actuelle et de la possibilité probable
où se mouvait la *Commune de* 1871, non de
l'an 2,000, lors de sa lutte contre le vieux monde,
indiquer à grands traits, — dont le détail est
parfaitement discutable, — le but plus ou moins
immédiat auquel elle tendait, et qu'il eût été, en
somme, relativement facile d'atteindre, si elle
avait triomphé.

Il est évident qu'une fois la Révolution sociale

maîtresse de l'Europe, il y aurait mieux et plus à faire. — Mais ce jour n'est pas arrivé.

Il fallait donc, il faut donc compter avec le milieu gouvernemental, autoritaire, antagonique, où se trouvait, où se trouve plus que jamais placée la France.

Ce qu'il faut démontrer néanmoins, dès à présent, c'est d'où vient le malaise universel, l'impuissance, l'avortement de toutes les révolutions qui se succèdent depuis un siècle avec une sorte de régularité mathématique.

Tout cela provient d'une seule erreur.

Cette erreur, c'est que l'Etat prétend, au nom d'une raison supérieure, que personne ne connaît et qui n'existe pas, imposer à tous certaines solutions qu'il déclare la vérité absolue, immuable, — comme s'il y avait quelque chose d'absolu et d'immuable ici-bas. — Héritier et représentant d'un monde qui concevait la propriété et le droit individuel sous un certain aspect, il impose à chacun et à tous le respect de cette propriété, de ce droit.

Le travail est organisé de telle sorte. — Il le restera, et nul ne pourra s'y soustraire, ou gare les pontons, la Nouvelle-Calédonie, les poteaux de Satory!

Cela est niais et monstrueux, odieux et grotesque.

L'immense majorité des socialistes modernes (1) comprennent autrement le respect de la personne humaine. — Ils savent qu'une société et les lois qui la régissent sont l'œuvre de

---

(1) Je ne parle pas des Allemands et des Anglais, qui ont, jusqu'à présent, pour la plupart, des idées différentes, et préconisent d'autres moyens. Les derniers ne sont encore que *réformistes,* les premiers sont généralement *étatistes.*

l'homme, que ce que l'homme a fait, l'homme peut le défaire, que, par conséquent, la société doit être faite pour l'homme, soumise à l'homme, et non l'homme fait pour la société, soumis à la société, — en un mot, que l'Etat politique doit disparaître pour faire place à l'organisme social tout différent de l'organisme gouvernemental.

Ils savent qu'il n'y a rien de sacré, ni dans la législation actuelle du travail, ni dans la constitution de la propriété et de la famille, que les lois sont filles de la terre, non du ciel, qu'on peut les changer, quand elles ne sont plus en rapport avec les besoins et les progrès du milieu qu'elles prétendent représenter et régenter.

Aussi les socialistes qui appartiennent à diverses écoles, qui ont diverses solutions pour les divers problèmes, ne demandent point la dictature pour imposer une solution uniforme. — Ils savent qu'il n'y aurait pas de dictature plus insupportable que celle qui *décréterait* le communisme, ou le collectivisme, ou toute autre solution de ce genre, — eux qui protestent contre la dictature qui leur impose les solutions actuelles. Ce qu'ils demandent, c'est qu'on remette à l'homme, aux groupes naturels, intéressés, la solution des problèmes qui les touchent, sachant bien que par le seul progrès de la science économique, par le seul jeu de la liberté *vraie*, les solutions justes, raisonnables, pratiques, se feront jour et triompheront, sans effort, des solutions fausses ou prématurées.

Ce qu'ils demandent, c'est que le travail, *qui est tout*, puisse étudier, discuter, faire prévaloir ses véritables intérêts.

Ce qu'ils demandent, c'est que, de même que le pouvoir doit rentrer dans la collectivité dont il est sorti et qu'il opprime, le capital rentre dans le travail dont il est sorti et qu'il exploite.

Ce qu'ils demandent, enfin, c'est que *le travailleur possède l'instrument de travail.*

Eh bien! tout ce que demandent les socialistes, et qu'ils ne pourraient obtenir, avec un *pouvoir fort et centralisateur*, si démocratique qu'on le suppose, sans d'horribles convulsions, des luttes acharnées, pénibles, ruineuses — par le simple jeu du principe communal, par le groupement libre et la fédération, ils l'obtiendront régulièrement, sûrement, sans violence.

La solution n'en peut appartenir qu'aux *groupes corporatifs* et *producteurs*, reliés entre eux par la fédération, débarrassés désormais des entraves gouvernementales et administratives, c'est-à-dire politiques, qui ont maintenu jusqu'à présent, par la compression, l'antagonisme entre le capital et le travail, et soumis celui-ci à celui-là.

Les autonomies communales, unies les unes aux autres, par l'organisation et le fonctionnement solidaire des SERVICES PUBLICS, eussent tranché le côté politique de la Révolution, fait place nette à la Révolution sociale qui se fut développée par le jeu libre des groupes corporatifs et producteurs, — je le répète, — rentrés en possession d'eux-mêmes et délivrés de l'ingérence gouvernementale, de l'action despotique de l'Etat, — de l'Etat qui met ses gendarmes et notre argent au service d'une oligarchie de privilégiés et de jouisseurs.

L'autonomie communale eût résorbé l'Etat, comme le groupement producteur eût résorbé le Capital.

Dans une semblable organisation, extrêmement

simple et dont je ne puis ici qu'ébaucher à la
hâte quelques-unes des lignes principales, la vie,
au lieu de se concentrer dans un cerveau unique
qui s'appelle Paris, se répand partout. — Partout
il y a une pensée, une initiative, une liberté, une
émulation féconde et des modèles originaux,
partout il y a un être digne, parce qu'il est res-
ponsable.

Au lieu d'avoir une capitale, d'où la France
attend son mot d'ordre, et qui subit la France,
un volcan dans un désert, un phare sur une côte
plate et nue, on a un peuple entier qui travaille,
qui agit, qui pense. — Vingt cerveaux, Lyon,
Marseille, Bordeaux, Toulouse, Nantes, Lille,
le Midi, le Centre, le Nord, l'Est et l'Ouest,
élaborent la pensée française, révolutionnaire,
humaine. — L'initiative, et, par conséquent, le
progrès est partout à la fois.

Aucune force ne se perd.

Au lieu d'une impulsion unique, qui peut se
tromper, qui peut ne pas être la meilleure,
la plus éclairée, vous avez cent impulsions en
cent points divers, qui concourent toutes au
même but : — l'organisation la meilleure de la
condition de l'homme dans son milieu naturel.

Au lieu que sur trente-huit millions d'hommes
pèse un gouvernement trop avancé pour les uns,
rétrograde pour les autres, qui choque, étreint,
empêche tout le monde, — au lieu que ceux qui
ont le regard de l'aigle et peuvent fixer la lumière,
restent dans les ténèbres, parce que la masse
lourde ne se déplace point, — Paris et les grands
centres vont jusqu'au bout de leur pensée, s'avan-
cent sans entraves sur la voie du progrès, répan-
dant leurs rayons autour d'eux, convertissant par
la meilleure des prédications : — l'exemple.

Telle sont, en peu de mots, quelques-unes des conséquences infinies du principe arboré par la Commune.

Telles en sont les principales lignes.

Telle était la portée immense de ces simples mots :

> Autonomie communale!
>
> Groupement corporatif!
>
> Fédération des communes et des groupes producteurs!

C'est-à-dire, une dernière fois, *formation libre des groupes naturels et union de ces groupes,* c'est-à-dire : *suppression de l'Etat centralisateur, du pouvoir fort, restitution au peuple de ses droits et des moyens d'en user.*

Cette Révolution, on le comprend, n'est pas une Révolution française, ce principe n'est pas un principe français. C'est une Révolution humaine, c'est un principe universel. C'est pour la seconde fois, en moins d'un siècle, la rupture avec le passé.

La première fois, en 1789, c'était la rupture avec le droit divin, — *le ciel!*

La seconde fois, c'est la rupture avec l'Etat, — *l'oligarchie!*

La première Révolution s'appela : la proclamation *des droits de l'homme,* — la THÉORIE!

La seconde s'appelle : la *Commune,* — la PRATIQUE!

L'une était *politique,* l'autre est *sociale!*

Sa formule se réduit à ces trois termes qu'on ne peut séparer :

> AUTONOMIE ;
>
> FÉDÉRATION ;
>
> COLLECTIVISME !

C'est loin de toi, Paris, que ces lignes qui m'ont fait revivre avec toi ont été écrites, loin de toi, grand Paris, foyer de la Révolution universelle, apôtre de la bonne nouvelle humaine, messie et martyr!

Tu viens de donner un exemple que nul n'oubliera. Ivre de vérité, fou de justice, tu as pris ta couronne de capitale de tes mains généreuses, et tu l'as jetée à tes pieds, en criant :

« Place pour tous! Vie pour tous! Liberté, action, dignité, grandeur pour tous !

« Je veux seulement être libre dans la France libre, pour rentrer dans le grand courant de la vie nationale, qui deviendra un jour le courant de la vie universelle. Je ne me réserve qu'un droit : — celui de marcher le premier, en tête, toujours plus avant sur la voie de l'avenir! »

A ce cri t'ont répondu les mitrailleuses de Versailles, les fusillades, les pontons, Satory, la Nouvelle-Calédonie !

Ce cri de vie à la France, au monde, t'a coûté cent mille de tes enfants !

Vaincu, tu n'en es pas moins grand !

Vaincu, tu n'en es pas moins dans le vrai !

Quel avenir t'est-il réservé?

Je l'ignore.

Peuple messie, verras-tu la terre promise? Sur ce long calvaire, plus tragique, plus douloureux, plus sublime que celui du prétendu homme-Dieu, laisseras-tu jusqu'à la dernière goutte de ton sang, jusqu'au dernier souffle de tes lèvres, jusqu'à la dernière étincelle de ton génie initiateur et militant?

D'autres récolteront-ils ce que tu as semé, ce que tu as arrosé de ton sang généreux?

Non!

Peut-être les oiseaux de proie qui ont enfoncé
leurs serres dans tes chairs, et qui pompent la
moëlle de tes os, viendront-ils à bout de toi pour
un jour, mais ta mort ne serait que momentanée,
et tu revivras dans tes fils, dans cette nouvelle
génération que portent tes flancs inépuisables, et
qui grandit, comme tu grandis, pendant vingt
ans sous Bonaparte, pour t'affirmer indompté!

Quoi qu'il en soit, ton œuvre ne sera pas per-
due. Tu as posé la question révolutionnaire, la
question politique et sociale, dans ses termes
véritables, et toute question bien posée est résolue tôt ou tard.

Grâce à toi aussi, le peuple a désormais son
cri de ralliement :

COMMUNE !

Et son étendard, l'étendard rouge, éclatant
comme la lumière.

Sous cet étendard, avec ce cri, il vaincra!

Quant à moi, Paris, me sera-t-il permis de te
revoir? Peut-être! Peut-être aussi la séparation
est-elle éternelle. Mais quelles que soient, peuple
de Paris, les angoisses de l'heure présente, les
douleurs mornes de l'exil, l'indignation aiguë qui
déchire nos cœurs en songeant aux martyrs qui
sont mort désespérés, à ceux qui agonisent sous
d'autres cieux, et qui ne voient pas venir la justice, — quoi qu'il en soit, peuple de Paris, il est
une vision qui ne me quittera plus.

Toujours, je te reverrai tel que tu fus dans ces
jours héroïques, et cette vision me dira que la
masse, loin de s'abaisser et de s'amoindrir, grandit, progresse, devient meilleure, plus sublime
dans l'action, plus indomptable dans l'amour de
de la justice et de la vérité.

A l'heure où la solitude, la pauvreté et le découragement viennent chuchotter à notre oreille et courber notre front, je me redresserai, en songeant qu'un jour, il m'est advenu cet insigne honneur de penser ta pensée, de parler tes paroles, de sentir mon cœur battre à l'unisson de ton cœur; — qu'un jour, j'ai vécu de ta vie, partagé tes luttes, tes dangers, tes espoirs, tes colères, ton agonie, et que je partage encore ton expiation !

Genève-Lugano, janvier 1872, janvier 1873.

FIN DU TROISIÈME ET DERNIER VOLUME.

TABLE DES MATIÈRES

---

www.ingramcontent.com/pod-product-compliance
Lightning Source LLC
Chambersburg PA
CBHW060803110426
42739CB00032BA/2576